FACULTÉ DE DROIT DE TOULOU

DES

DROITS ET POUVOIRS

DU MARI

SUR LES BIENS DE LA FEMME

EN DROIT ROMAIN ET EN DROIT FRANÇAIS.

THÈSE POUR LE DOCTORAT

SOUTENUE

Par M. Auguste AURIOL,

Avocat.

TOULOUSE,
IMPRIMERIE J.-M. PINEL,
Place Lafayette, 5.

1879.

FACULTÉ DE DROIT DE TOULOUSE.

DES

DROITS ET POUVOIRS

DU MARI

SUR LES BIENS DE LA FEMME

EN DROIT ROMAIN ET EN DROIT FRANÇAIS.

THÈSE POUR LE DOCTORAT

SOUTENUE

Par M. Auguste AURIOL,

Avocat.

TOULOUSE,
IMPRIMERIE J.-M. PINEL,
Place Lafayette, 5.

1879.

FACULTÉ DE DROIT DE TOULOUSE.

MM. DUFOUR ✳. Doyen, professeur de Droit Commercial.
MOLINIER ✳, professeur de Droit Criminel.
BRESSOLLES ✳, professeur de Code Civil.
MASSOL ✳, professeur de Pandectes.
GINOULHIAC, professeur de Droit Français, étudié dans ses origines féodales et coutumières
HUC ✳, professeur de Code Civil.
POUBELLE, professeur de Code Civil, en congé.
ROZY, professeur de Droit Administratif.
BONFILS, professeur de Procédure Civile.
ARNAULT, professeur d'Économie politique.
DELOUME, professeur de Droit Romain.
LAURENS, agrégé, chargé du cours de Droit des Gens.
PAGET, agrégé, chargé d'un d'un cours de Droit Romain.
CAMPISTRON, agrégé, chargé d'un cours de Droit Civil.
BRESSOLLES (Joseph), agrégé.
VIDAL, agrégé.
WALLON, agrégé provisoire.

    M. MOUSSU, Secrétaire, Agent comptable.

    PRÉSIDENT DE LA THÈSE: M. MASSOL, professeur.

SUFFRAGANTS :
  MM Ginoulhiac, professeur.
  Deloume, professeur.
  Laurens, agrégé.
  Campistron, agrégé.
  J. Bressolles, agrégé.

La Faculté n'entend approuver ni désapprouver les opinions particulières du candidat.

A mon Père, à ma Mère

A MES PARENTS

A TOUS CEUX QUI ME SONT CHERS.

INTRODUCTION.

———

La soumission de la femme à la puissance du mari est de droit naturel : *Et eris sub potestate viri* (1), ce fut la loi que Dieu posa lui-même, aux premiers jours de l'humanité, et qui s'est transmise à travers les siècles. Le mari apporte à la femme sa protection et sa force, la femme doit obéissance à son mari.

Mais s'il en est ainsi de la personne de la femme, ne doit-il pas en être de même de ses biens? Comme dans toute association d'individus, les intérêts pécuniaires ne peuvent être sauvegardés, dans la famille, sans une direction unique, sans une volonté prépondérante, et cette volonté, à raison même de l'état de dépendance de la femme, ne peut et ne doit être que celle du mari. S'il en était autrement, si la femme avait tout pouvoir sur ses biens, si elle en pouvait disposer selon ses caprices, comment le mari, tuteur naturel et dévoué,

(1) Genèse, ch. IV.

remplirait-il son devoir de protection vis-à-vis d'elle, comment exercerait-il une influence parfois salutaire sur la direction de ses intérêts bien entendus ?

On ne peut donc empêcher le mari de veiller à la conservation de ce qui doit être un jour le patrimoine des enfants communs, sous peine de mettre en péril l'unité si désirable et si nécessaire qui doit présider à la direction de la famille. De là, le principe de l'autorisation maritale que nous n'aurons pas à étudier ici.

Nous nous plaçons, en effet, à un point de vue différent ; nous partons d'une autre idée fondamentale pour en déduire de nouvelles conséquences non moins intéressantes et non moins pratiques. La femme ne doit pas seulement avoir une capacité restreinte quant aux actes de la vie civile, elle doit encore participer aux frais communs du ménage. Chacun des époux a sa part dans les joies de la vie domestique, mais chacun d'eux doit avoir aussi sa part dans les charges qui en résultent. L'entretien de la famille nécessite des dépenses quotidiennes : il n'est pas juste que la femme soit dispensée de les supporter. Ses biens, sinon confondus avec ceux de son conjoint, du moins affectés au même usage, n'ont plus en principe qu'un seul chef, et ce chef est toujours le mari. La plupart du temps usufruitier ou simple administrateur, quelquefois même véritable propriétaire, celui-ci a des droits sur les biens que la femme apporte en se mariant, ou qui lui adviennent dans la suite. Mais ces droits sont essentiellement variables ; la mesure n'en est point toujours la même, les limites dans lesquelles ils se trouvent renfermés sont plus ou

moins grandes. Quelles sont donc ces justes limites!
Tel est l'objet de notre étude : juridique avant tout, il
ne pouvait manquer de nous séduire au premier abord.

On conçoit aisément que les principes qui régissent
cette matière ont dû varier avec les principes constitutifs
de la famille, les mœurs des diverses sociétés et leurs
traditions historiques. Aussi serait-il peut-être curieux
de remonter aux premières sources, de voir comment
les siècles passés ont compris les droits du mari sur les
biens de la femme! Mais, dans les différents peuples
de l'antiquité, il ne pouvait être guère question de ces
biens. Chez les barbares, en effet, dans les nations sau-
vages, la femme était considérée comme une esclave ;
réduite à un état passif, assimilée à une marchandise,
elle pouvait passer de main en main, être vendue à prix
d'argent ou échangée contre les bêtes d'un troupeau.
Elle n'était pas mieux traitée, au point de vue qui nous
occupe, dans les peuples plus civilisés de l'Orient, qui
la regardaient comme un être dont l'emploi consiste
uniquement ici-bas à donner à l'homme des enfants et
à perpétuer l'espèce humaine (1), ou même comme un
champ que le mari peut cultiver à son gré! L'étude de
ces législations nous a donc paru à peu près inutile, et
d'ailleurs nous n'avions pas les connaissances nécessaires pour l'entreprendre.

En conséquence, ce sera seulement avec le droit
romain que nous ferons le premier pas. La *manus*, dont
l'histoire embrasse la première période, attirera tout

(1) Gide, Cond. privée de la femme, page 56.

d'abord notre attention; les effets du mariage libre et l'apparition de la dot et de la paraphernalité viendront ensuite.

Dans la législation française, étudiant les pouvoirs du mari au point de vue de l'histoire, nous remonterons jusqu'aux origines. Après quelques mots sur le droit gallique, nous verrons, dans les pays de droit écrit, s'y associer l'élément romain. Les lois germaniques, dépouillées de tout élément étranger, nous apparaîtront bientôt avec des principes nouveaux que nous retrouverons plus tard formulés avec plus de clarté, dans les coutumes et la jurisprudence des Parlements.

Enfin, arrivant au Code, nous entrerons dans l'examen des droits du mari sous les divers régimes matrimoniaux admis par le législateur, qui nous tracera lui-même, de cette façon, la marche entière que nous aurons à suivre.

Dans l'immensité de ce champ d'étude, nous devons l'avouer, il nous sera parfois impossible de ne pas glisser sur certains détails, pour nous appesantir un peu plus longuement sur des points qui méritent plus d'attention et de recherches. Puisse notre œuvre n'être pas cependant trop au-dessous de nos efforts; puisse-t-elle surtout n'être point trop indigne de l'enseignement de nos savants maîtres.

PREMIÈRE PARTIE

DROIT ROMAIN

Les droits du mari sur les biens de la femme ont subi de nombreuses modifications, suivant les différentes époques qui se partagent l'histoire du droit romain. Illimités, dans l'ancienne Rome, ils s'amoindrissent peu à peu et, de restrictions en restrictions, deviennent presque nuls sous le Bas-Empire.

A l'origine, la *manus* fait tomber la femme sous la puissance de son mari. Elle est traitée, en droit, comme étant, par rapport à lui, *loco filiæ*. Gaius le dit plusieurs fois (1).

Plus tard, la *manus* n'accompagne pas nécessaire-

(1) Gaius, I, §§ 111, 114 et 136, *in fine*.

ment le mariage. Le mariage libre, plus favorable
à la femme, se fait jour : il se multiplie, et d'exception
finit par devenir la règle. La *manus* achève bientôt de
disparaître et, à la fin de l'ère chrétienne, il n'en est
déjà plus question. Le mari n'a plus de pouvoirs, dès
lors, que sur les biens dotaux : encore la loi Julia vient-
elle restreindre les faibles droits qui lui restent par
rapport à ces biens, en lui défendant d'aliéner le fonds
dotal, malgré son droit de propriété. Quant aux biens
paraphernaux, ils échappent absolument à son administration. Nulle autorité ne domine l'autorité de la femme ;
aucune autorisation ne lui est nécessaire. Son indépendance est entière, ses pouvoirs sont absolus.

Telles sont les diverses phases que les droits du mari
ont parcourues sous la législation romaine. Nous les
étudierons dans deux périodes distinctes. Dans la première, nous parlerons de l'institution de la *manus*, de
ses formes et de ses effets; dans la seconde, nous examinerons principalement les pouvoirs de l'époux sur les
biens dotaux et sur les paraphernaux, nous réservant
de compléter cette étude par l'énumération rapide des
modifications apportées par Justinien.

PREMIÈRE PÉRIODE.

MARIAGE AVEC MANUS.

CHAPITRE PREMIER

ACQUISITION DE LA MANUS.

La *manus* ne résultait jamais du fait de la naissance ; elle ne découlait même pas du mariage lui-même dont elle n'était point la conséquence nécessaire et immédiate : elle naissait simplement à son occasion. Le mari n'avait pas toujours, en effet, la *manus* sur sa femme. Cette puissance supposait autre chose que l'union de deux époux : elle apparaissait à la suite de certains faits qui venaient s'ajouter au mariage, qui le complétaient en quelque sorte, mais sans lesquels il pouvait parfaitement exister.

Pour produire la *manus*, une solennité spéciale, un fait distinct du mariage était donc toujours indispensable. Elle pouvait résulter de la *confarreatio*, de la *coemptio* ou de l'*usus : feminæ olim tribus modis in manum conveniebant : usu, farreo, coemptione* (1).

---

(1) Gaius, I, § 110.

§ 1. — CONFARREATIO.

La *confarreatio* était une cérémonie religieuse, une espèce de sacrifice accompli par le grand pontife ou le flamine de Jupiter, en présence de dix témoins représentant peut-être les dix curies de la tribu à laquelle appartenait la femme. On prononçait des paroles solennelles pendant que cette dernière tenait à la main un gâteau de froment, *farreus panis*, symbole religieux de son association aux *sacra* et à la vie entière du mari (1). Ces cérémonies religieuses n'avaient pas seulement pour but de créer la puissance maritale; elles rendaient encore les enfants issus du mariage capables d'être nommés à certaines fonctions sacerdotales; aussi est-il probable que la *confarreatio* était surtout réservée aux patriciens dont les enfants étaient seuls appelés à remplir ces sacerdoces (2) Quant aux plébéiens, ils ne pouvaient être appelés aux fonctions de grands flamines ou de rois des sacrifices. La *confarreatio* leur fut donc inutile et très-probablement ne fut pas employée par eux. Le consentement de la femme était nécessaire pour la *confarreatio* : il fallait de plus celui du chef de famille ou du tuteur.

§ 2. — COEMPTIO.

Le mari acquérait la *manus* par la *coemptio*, c'est-à-dire, suivant Gaius, par la mancipation qui lui était

(1) Gaius, I, § 112. — Frag. d'Ulpien, tit. IX.
(2) Tacite, ann. 4, 16.

faite de la femme soit par elle-même, si elle était *sui
juris*, soit par son père, si elle était fille de famille :
« La *coemptio* a lieu au moyen d'une vente simulée faite
» en présence de cinq témoins et d'un porte-balance;
» la femme est vendue et le mari l'achète (1). »

La *coemptio* dut être employée dans la très-ancienne
Rome. L'achat de la femme fut, en effet, la première
formule du genre humain; il se retrouve à l'origine de
tous les peuples : les Romains n'ont sans doute pas fait
exception à une règle aussi générale.

La femme devait naturellement consentir à la *coemptio*.
Son consentement ne suffisait pas, si elle était en tutelle : il devait être accompagné alors de celui des
tuteurs.

§ 3. — Usus.

Enfin, le mari pouvait acquérir *usu* la *manus* sur sa
femme, lorsque, depuis le mariage, celle-ci était restée
une année entière, sans interruption, dans la maison
conjugale : *celui annuá possessione usucapiebatur*.

Lorsque la femme voulait prévenir les effets de cette
espèce d'usucapion, elle devait avoir soin de ne jamais
laisser passer une année sans découcher trois nuits de
suite, *usurpatum ire trinoctio*. L'usucapion se trouvait
ainsi interrompue d'après les dispositions elles-mêmes
de la loi des Douze Tables (2).

(1) Gaius, I, § 113.
(2) Gaius, I, § 111. — Aul. Gell., III, 2.

Le consentement du père ou du tuteur était indispensable au mari pour usucaper sa femme. Celle-ci devait encore y consentir, et si le mari avait voulu l'empêcher par violence de découcher pendant les trois nuits fixées par la loi, sa position était regardée comme vicieuse et ne pouvait produire aucun effet (1).

Nous n'insisterons pas davantage sur les divers modes d'acquisition de la *manus*. Ce qu'il nous importe surtout d'examiner, ce sont les effets qu'elle produit par rapport aux biens de la femme.

CHAPITRE II

EFFETS DE LA MANUS.

La *conventio in manum* fait éprouver à la femme une *minima capitis deminutio*, avec toutes ses conséquences ordinaires. Il y a ouverture d'une succession *per universum* au profit du mari qui acquiert *ipso jure*, sur tous les biens de la femme, un pouvoir absolu. Il en devient, en effet, le seul propriétaire et semble s'en être ainsi approprié toute l'individualité, du jour du mariage : *ipsa igitur in manum conventio omnia quæ mulieris fuere viri facit nomine dotis, non procedente tempore, sed statim propria vi naturæ* (2).

(1) Cicéron, pro Flacco.
(2) Boece, Topiques, 2, p. 290.

Le *paterfamilias* est le maître de tout ce qui appartient
à un individu quelconque du groupe dont il est le chef.
Il n'y a point dans la famille d'autre personne juridique
que la sienne qui soit capable d'exercer des droits. Que
la femme *in manu* apporte des biens donnés par le père
sous la puissance duquel elle était avant son mariage,
que cette même femme *sui juris* apporte des biens
qu'elle possédait elle-même, peu importe : dans l'un et
l'autre cas, tout est acquis au mari qui bénéficie encore
de tout ce qui échoit à la femme soit par contrat, soit
par succession, soit de toute autre manière. La femme
n'a d'autre personnalité que celle du mari; elle peut
bien stipuler ou acquérir, mais c'est toujours au profit
exclusif de son conjoint, sans qu'elle puisse en rien
l'obliger pas ses actes (1).

Il est bien facile de tirer de ce qui précède les conséquences relatives aux pouvoirs du mari sur les biens de
la femme. Nous avons dit, en effet, qu'il en était absolument propriétaire : il peut donc les aliéner, même à
titre gratuit; il peut les dissiper et les détruire. Son
droit, en un mot, est illimité, car l'obligation de restituer, à la dissolution du mariage, ne vient pas encore
le restreindre. La femme survivante ne reprend les biens
qu'elle a apportés qu'en qualité d'héritière et ne vient
en concours qu'avec les héritiers du même degré :
*Uxor quoque, quæ in manu est, sua heres est, quæ filiæ
loco est* (2).

(1) Gaius, III, § 163.
(2) Gaius, III, § 3.

Nous devons mentionner cependant quelques rares
exceptions au pouvoir discrétionnaire du mari; elles
résultent soit d'une stipulation de restitution au cas de
divorce, soit d'un contrat de fiducie intervenu en faveur
d'un tiers donateur. Remarquons, toutefois, que le mari
n'en reste pas moins propriétaire de ce qu'il a reçu. Il
n'y a ici pour lui qu'une simple obligation résultant d'une
convention libre.

La femme *in manu* n'a jamais de paraphernaux,
puisqu'elle ne peut pas être propriétaire, et nous avons
déjà dit que si elle était *sui juris*, avant de tomber sous
la *manus*, tous ses biens devenaient la propriété du
mari. On se pose cependant la question de savoir si ces
biens, de même que ceux acquis au mari par l'inter-
médiaire de la femme, soit par donation, soit par
succession, ne constituent pas une dot. Nous trouvons
cette idée formellement exprimée dans les Topiques de
Cicéron (1) et dans les fragments de Paul (2). En outre,
au point de vue de l'effet, on ne peut nier que les biens
tombés dans le patrimoine du mari par la *conventio in
manum* lui procurent les mêmes avantages qu'une dot
et lui servent aux mêmes fins. Malgré cela, nous ne
pensons point que ce soit une dot proprement dite, car
la dissolution de la *manus* n'entraîne pas pour le mari
la nécessité de restituer. Nul, en effet, ne peut être
débiteur d'une personne qu'il a sous sa puissance.

Jusqu'à l'époque où elle disparaît complètement de la

(1) Cicéron, Topiques, 4.
(2) Frag. Vatic., § 115.

législation romaine, la *manus* reste à peu près telle qu'elle nous apparait dans l'ancienne Rome, c'est-à-dire avec tous ses inconvénients et ses injustices. Cette institution était fondée sur la religion antique; née avec cette religion, elle devait avoir le même sort, elle devait vivre de la même vie. Aussi, dès que les dieux mânes sont abandonnés, la famille perd de sa cohésion, la *manus* n'a plus sa raison d'être et n'est presque plus pratiquée. D'autres causes viennent, d'ailleurs, expliquer sa disparition. C'est, d'abord, la corruption des mœurs et l'introduction du divorce dans les mœurs romaines : « N'eût-il pas été dérisoire d'attacher des » effets irrévocables à une union qui n'était le plus sou- » vent qu'un caprice d'un jour ! » C'est en outre une vive réaction contre la tutelle des femmes, un violent désir d'indépendance chez elles et l'introduction, à Rome, du régime dotal qui leur laissait l'administration d'une partie de leurs biens.

Aussi, au temps de Gaius, l'acquisition de la *manus* par l'usage était-elle en partie abrogée par des lois, en partie tombée en désuétude. La *confarreatio* n'était plus pratiquée que pour les grands flamines, c'est-à-dire les pontifes particuliers de Jupiter, de Mars et de Quirinus; enfin la *coemptio*, qui avait encore lieu, était surtout employée, d'une manière fictive, dans des cas autres que le mariage, afin d'éluder certaines dispositions de l'ancien droit (1).

Sous Constantin, la *confarreatio* disparut complète-

(1) Ortolan, Instit., tome 1, n° 322.

ment avec le paganisme. Il ne resta plus que la *coemptio*
qui finit elle-même par être abandonnée. Depuis longtemps déjà, à l'époque de Justinien, il n'était plus question de *manus* : elle avait si bien perdu tout intérêt que
les Instituts ne la mentionnent même pas.

DEUXIÈME PÉRIODE

MARIAGE SANS MANUS

Dans le mariage libre ou sans *manus*, la femme était
maîtresse de ses biens ; son patrimoine ne subissait aucun
changement par le fait de la célébration du mariage.
Etait-elle sous la puissance paternelle de son père ou du
chef de famille à laquelle appartenait son père, ses biens
ne cessaient de lui appartenir. Avait-elle un pécule, il
lui restait propre. Etait-elle en tutelle, elle continuait à
administrer seule sa fortune et à faire, avec l'autorisation
de ses tuteurs, ce qu'elle ne pouvait accomplir sans eux.
En un mot, rien n'était changé : le mari n'acquérait
aucun droit sur les biens de la femme. Tel fut le principe
admis dans les premiers temps des mariages libres ; mais
cet état de choses ne pouvait durer, car si, d'un côté,
c'est sur le mari seul que pèsent légalement toutes les
charges du mariage, d'un autre côté, il est équitable
que la femme, qui partage son existence dans la famille

et son rang dans la société, y contribue pour une part : de là l'idée de la dot, idée qui fit de rapides progrès dans la législation romaine, parce qu'elle conciliait à peu près tous les intérêts : les maris y trouvaient une compensation à l'abandon de l'*imperium* que leur conférait autrefois la *manus*; les femmes étaient heureuses de se soustraire, moyennant un sacrifice pécuniaire, à la toute-puissance de leurs maris. Il leur était, d'ailleurs, si facile, et c'est ce qu'elles faisaient le plus souvent, de ne se constituer en dot que la plus petite partie de leur fortune, en conservant la plus grande entièrement libre, d'où la distinction de leur biens en dotaux et extra-dotaux ou paraphernaux. Cette distinction nous amène tout naturellement à diviser notre travail en deux chapitres : dans le premier, nous étudierons les droits du mari sur la dot ; nous réserverons au second l'examen de ces mêmes droits sur les biens que la femme s'est réservés à titre paraphernal ou qui lui sont advenus, pendant le mariage, à tout autre titre.

CHAPITRE PREMIER

DROITS DU MARI SUR LES BIENS DOTAUX.

On appelle *dot* en général toute valeur fournie par la femme elle-même ou un tiers au mari pour l'aider à supporter les charges du mariage, *ad ferenda matrimonii onera*.

La dot, nous dit M. Ortolan dans son explication historique des Instituts de Justinien (1), n'était, pas plus que la donation entre vifs, à Rome, au nombre des contrats. Elle s'effectuait d'abord par la dation des objets, faite au mari avant le mariage, c'est-à-dire par la translation de ces objets en sa propriété, au moyen des actes d'aliénation reconnus par le droit civil, tels que la mancipation, la cession juridique ou simplement la tradition pour les choses *nec mancipi*. Ensuite, lorsqu'on voulut s'obliger à donner une dot, et non la donner immédiatement, on employa les formalités de la stipulation : le mari stipulait la dot et celui qui voulait s'engager à la donner promettait. Outre cette forme générale d'engagement, une forme toute particulière et toute spéciale à cet objet s'introduisit, la diction de la dot, *dictio dotis*, c'est-à-dire, selon toute apparence, la déclaration en termes solennels de ce que l'on constituait en dot, sans aucune interrogation préalable du mari. C'est ce que résume Ulpien en ces mots : *dos aut datur aut dicitur aut promittitur* (2).

Nous n'insisterons pas davantage sur la constitution de la dot, que nous supposerons valable, afin de n'avoir à nous occuper que des droits du mari sur les biens qui en font l'objet. Pour que ces droits puissent prendre naissance, il faut cependant qu'il y ait mariage : *neque enim dos sine matrimonio esse potest* (3). Qui dit dot, dit essentiellement mariage, et ce n'est qu'à partir du ma-

(1) Ortolan, Instit., tome 2, n° 581.
(2) Ulpien, Reg., 6, § 1.
(3) Loi 3, D. de jure dot.

riage seul qu'il y a lieu d'appliquer les règles spéciales à la dot.

Qu'arriverait-il donc si , après la constitution de dot, le mariage ne se réalisait point (1)? Il faut distinguer :

1° Ou l'acte juridique par lequel on a constitué la dot a été fait sous la condition expresse ou même tacite *si nuptiæ sequantur :* en ce cas, la condition venant à défaillir, le mari n'a rien acquis; il retient dès lors indûment des biens dont la propriété n'a jamais cessé de résider sur la tête du constituant , qui pourra les reprendre par l'action en revendication. Cela aura lieu, par exemple, dans le cas de *promissio dotis* qui contient toujours sous-entendue la condition *si nuptiæ fuerint secutæ* (2), et peut-être même dans celui de *dotis dictio,* quoique les textes n'en disent rien.

2° Ou l'acte juridique dont s'est servi le constituant a été fait *puré;* il n'y a pas alors de dot constituée, mais les parties ont atteint leur but jusqu'à un certain point, puisque le mari a acquis un droit qui, auparavant, ne lui appartenait pas. Ce droit étant sans cause, s'il n'y a pas eu mariage, le mari ne peut le retenir; le constituant pourra le poursuivre, non par l'action *rei uxoriæ* qui suppose une dot, et ici il n'en existe pas, mais par une action personnelle, *condictio sine causâ.* Il en sera ainsi dans la *datio dotis* qui est toujours réputée pure et simple (3). Le législateur présume la volonté des parties; et, toutes les fois qu'une intention opposée

(1) Accarias, Droit romain, I , page 702.
(2) Loi 21 , D. de jure dot.
(3) Lois 7, § 3, et 8, D. de jure dot.

ne sera pas évidente, on devra penser qu'elles ont voulu que le futur époux devienne à l'instant propriétaire des choses données, avec obligation de les rendre si le mariage ne s'ensuit pas.

En ce qui concerne l'acceptilation — et Paul enseigne qu'une dot peut être constituée par acceptilation, le mari tenant pour reçu ce qu'il doit (1) — deux textes des Pandectes émettent une solution différente. Javolenus présume que la constitution, comme dans le cas de dation, doit être considérée comme faite *purè*, avec *condictio* au profit du constituant (2) ; Scévola et Ulpien la supposent soumise à la condition *si nuptiæ secutæ fuerint* et, au cas où le mariage n'aurait pas lieu, déclarent que l'acceptilation est nulle et que l'obligation reste dans son premier état (3). Si on suppose un changement de législation, c'est à cette dernière opinion qu'il faut s'arrêter, Scévola et Ulpien étant moins anciens que Javolenus, à moins que, selon l'avis de Cujas, l'effet de l'acceptilation pour cause de dot dépende de l'intention des parties (4).

Une seconde condition est indispensable pour que les droits du mari puissent prendre naissance : il faut que le mariage soit valable (5).

Cela dit, quels sont les droits du mari sur les biens

(1) Loi 11, § 2, D. de jure dot.
(2) Loi 10, D. de cond. causa data.
(3) Loi 13, D. de jure dot.
(4) Pellat, Dot, p. 183. — Cujas, Commen. in librum XXXV, Pauli ad edicta.
(5) Loi 39, D. de jure dot.

dotaux ! Il en est propriétaire ; il a sur eux un véritable *dominium ex jure Quiritium*, avec faculté d'aliéner, d'hypothéquer, pourvu qu'aucune loi ne vienne restreindre son droit, comme l'a fait, ainsi que nous le verrons plus loin, la loi *Julia de adulteriis* pour l'aliénation. La nécessité de cette défense n'est-elle pas la meilleure preuve que le mari était véritablement *dominus dotis* ! La loi 75, *De jure dot.*, de Tryphoninus, nous dit cependant : *Quamvis in bonis mariti dos sit, tamen mulieris est.* Mais cette contradiction avec le principe que nous venons d'émettre n'est qu'apparente ; on peut très-bien concilier les droits du mari et ceux de la femme résultant du texte précité, en ayant égard à la nature de la dot, à son caractère particulier et anormal. Le mari a la dot dans ses biens, cela résulte de la nécessité dans laquelle il se trouve de subvenir aux dépenses qu'exigent l'entretien et la nourriture de ses enfants et de sa femme. Cette charge est obligatoire au profit de celle-ci qui y a un droit acquis par le fait même de la constitution de dot. Les biens dotaux lui procurent un émolument, puisqu'ils subviennent à des dépenses qui sont autant dans son intérêt que dans celui de son mari : leur existence constitue pour elle un véritable avantage. La loi qui nous occupe n'a pas voulu dire autre chose. De nombreux textes viennent, d'ailleurs, à l'appui de notre opinion : *Constante matrimonio*, nous dit Paul, *dotem in bonis mariti esse* (1). Et Gaius : *Accidit aliquando ut qui dominus sit alienandae rei potestatem non habeat...*

_____

(1) Loi 21, § 1. D. ad municip.

Nam dotale prædium maritus, invitâ muliere, per legem Julian prohibetur alienare QUAMVIS IPSIUS SIT... (1).

Le mari est donc propriétaire des biens apportés en dot. Reste à savoir s'il possède réellement sur eux, dans toute leur étendue, les droits dont l'ensemble forme le droit de propriété, c'est-à-dire le *jus utendi*, le *jus fruendi* et le *jus abutendi*..

A. *Jus utendi.* — Le droit de se servir des biens dotaux appartient au mari de la façon la plus absolue; c'est ainsi qu'il peut habiter les maisons dotales, se promener dans les jardins, en un mot employer la dot à tous les usages auxquels elle est propre, sans que sa liberté souffre en cela la moindre limite; aussi le *salva rerum substantia* (2) de l'usufruitier n'est-il pas applicable à notre matière. Le mari n'est pas tenu de conserver la substance du fonds: d'une vigne, il peut faire un pré, il peut changer les cultures comme bon lui semble, ouvrir une carrière, l'exploiter (3).

B. *Jus fruendi.* — La dot étant donnée au mari pour supporter les charges du mariage, les fruits, les revenus qu'elle produit doivent lui appartenir, *quum enim ipse onera matrimonii subeat, æquum est etiam eum fructus percipere* (4).

Les fruits appartiennent au mari d'une façon définitive, *dotis non sunt*, ils ne font point partie de la dot. Mais que doit-on entendre par fruits ? Ce sont les pro-

---

(1) Gaius, II, 62, 63. — Voir aussi la loi 7, § 3, D. de jure dot.
(2) Instit. II, tit. IV.
(3) Loi 18, D. XXIII, 5.
(4) Loi 7, D. de jure dot.

duits que le maître retire de la chose, par suite de
l'usage auquel elle est particulièrement affectée, les produits sur lesquels il a compté pour se constituer un revenu.

C'est ce qui explique pourquoi le part d'une esclave
n'est pas considérée comme un fruit, *quia non temeré
ancillæ ejus rei causa comparantur ut pariant* (1) ; en acquérant une esclave, on avait en vue le produit de son
travail : on ne l'acquérait pas pour la faire multiplier
comme les bestiaux, ce qui, d'ailleurs, n'eût pas été
fort avantageux. Si donc une esclave dotale met au
monde un enfant, le mari, qui en devient propriétaire,
devra le rendre avec la dot dont il est, pour ainsi dire,
une dépendance (2).

Il en est, en général, de même de tous les produits
qui arrivent simplement à l'occasion de la chose dotale,
comme la donation ou le legs fait à un esclave ou comme
l'île qui surgit près du fonds dotal. Le mari acquiert
bien le droit de propriété sur ces produits, mais non
d'une manière définitive, car ils ne peuvent être entre
ses mains d'une autre condition que les biens par lesquels il les a gagnés et qui peuvent, ainsi que nous le
verrons bientôt en étudiant le *jus abutendi*, ne pas lui
être définitivement acquis (3).

Le mari n'est donc propriétaire absolu que de ce qui
a, à proprement parler, le caractère de fruit : cela
s'entend, bien entendu, de tous les fruits *naturels, indus-*

(1) Loi 27, D. de her. pet.
(2) Lois 10, § 2, et 69, § 9, de jure dot.
(3) Loi 45 pr. et § 1, D. XXIX, 2.

triels et civils (1). Il ne faut pas cependant étendre trop
loin cette règle. Nous trouvons, en effet, dans plusieurs
textes, que, par application du principe qu'il n'y a pas
de dot sans mariage, les fruits perçus avant sa célébration n'appartiennent pas au mari et viennent s'ajouter
au capital dotal, à moins que par une convention spéciale la femme ne lui ait permis de les garder pour lui
à titre de donation (2).

Quant aux fruits naturels et industriels perçus pendant la durée du mariage, le mari les acquiert par la
seule séparation, puisqu'il est propriétaire de la chose.
Il se peut, en outre, qu'il ait droit à des fruits non encore perçus, comme il peut arriver aussi qu'il n'ait pas
le droit de garder tous les fruits déjà récoltés.

La jouissance du mari doit être, en effet, proportionnelle à la durée des charges du mariage (3). Si donc
le mariage a duré vingt mois, le mari qui n'a fait
qu'une seule récolte a droit aux deux tiers de celle qui
est encore pendante aujour de la dissolution, et, réciproquement, s'il a fait deux récoltes, il doit restituer le tiers
de la dernière (4). L'attribution des fruits civils ne présente pas non plus de difficulté ; les règles ordinaires
de l'usufruit sont applicables.

Une dernière question se pose à propos des droits
que le mari acquiert lorsqu'on lui constitue en dot un
usufruit. Nous savons qu'il garde tous les fruits quand

(1) Const. 2, C. De oblig. et act. — Const. 20, C. de jure dot.
(2) Loi 7, § 1, D. de jure dot. — Loi 6, D. De solut. mat.
(3) Lois 5, 6, 7, 11 et 31, D. sol. matri.
(4) Loi 7, §§ 1 à 3, D. eod. tit.

il a reçu en dot un fonds en toute propriété; dans notre hypothèse, devra-t-il avoir le même avantage ou ne pourra-t-il conserver que les fruits des fruits et non les fruits eux-mêmes?

En l'absence de toute convention expresse, nous pensons qu'il faut décider que c'est le droit lui-même d'usufruit qui est apporté en dot. Le mari gagnera donc tous les fruits perçus et aura, par suite, le même émolument que s'il avait reçu la pleine propriété. La nue propriété ne conserve, en effet, aucun revenu, le revenu de l'usufruit est, par conséquent, le même que celui de la pleine propriété.

C. *Jus abutendi.* — Dans le droit romain primitif sur la dot, le mari en devient maître absolu. Il peut disposer à son gré des biens qui la composent, les aliéner, les engager, les hypothéquer, sans distinction de meubles ou d'immeubles. Il a donc tout d'abord l'*abusus* dans toute son étendue.

Rien ne vint restreindre ce droit jusqu'à l'époque où le divorce de Carvilius Ruga inaugura, dans les mœurs romaines, une ère nouvelle. Ce fut, en effet, l'établissement seul du divorce qui obligea de modifier le principe, car il eût été trop facile au mari de s'enrichir, en contractant et brisant successivement des mariages intéressés. On en arriva dès lors à stipuler que la dot serait restituée en cas de divorce, et on garantit cette restitution par la *cautio rei uxoriæ.* Plus tard, la jurisprudence considéra cette convention comme sous-entendue et y suppléa par l'*actio rei uxoriæ.* Ce ne fut donc que lentement, pas la suite du temps, que se développa cette première restriction aux droits absolus du mari. Nous en trouvons, d'ailleurs, la preuve dans Aulu-Gelle :

« L'on rapporte, nous dit-il, que pendant les cinq cents
» ans qui suivirent la fondation de Rome, on ne connut ni
» à Rome, ni dans le Latium, aucune action, aucune
» *cautio rei uxoriæ*. En effet, elles n'étaient pas néces-
» saires n'y ayant aucun divorce. Aussi Servius Sulpicius,
» dans son livre sur la dot, a-t-il écrit que les cautions
» *rei uxoriæ* ne parurent nécessaires que lorsque Spu-
» rius Carvilius, homme noble, eut divorcé avec sa
» femme, en l'an de Rome 523 (1). »

Cette première restriction aux pouvoirs du mari sur la dot pouvait ne pas être toujours suffisante pour sauvegarder les intérêts de la femme; aussi la loi *Julia de adulteriis* vint-elle en apporter une seconde en interdisant au mari d'aliéner les biens qu'il était tenu de restituer. D'où, les deux espèces de restrictions qui vont faire l'objet de notre étude.

PREMIÈRE RESTRICTION AUX DROITS DU MARI.

Obligation de restituer.

§ 1. — CAS DANS LESQUELS LA DOT EST RESTITUABLE.

Pour savoir dans quels cas le mari doit restituer les biens dotaux qu'il a reçus, il faut distinguer suivant que la dot est profectice ou adventice.

La dot profectice est celle que constitue le père ou

---

(1) Aulu-Gelle, Nuits attiques, IV, 3.

l'aïeul paternel de la femme investi de la puissance sur elle. — La dot adventice est celle que constitue toute autre personne, soit la femme elle-même, soit un tiers (1).

Dot adventice. La dot adventice n'est restituable qu'autant que le mariage se dissout par le divorce ou le prédécès du mari. Dans ce cas, en effet, il ne faut pas qu'après la dissolution de l'union conjugale la femme se trouve dépouillée d'une fortune d'où dépend son second mariage considéré, à cette époque, comme d'intérêt public; la femme doit trouver dans la restitution de sa dot, non-seulement les moyens de subvenir à ses propres besoins, mais surtout de se remarier et de donner des enfants à l'Etat (2).

Ces considérations cessent lorsque la femme vient elle-même à mourir sans avoir encore recouvré sa dot, voilà pourquoi l'action *rei uxoriæ* qui lui appartient ne passe à ses héritiers qu'autant qu'elle a, avant de mourir, mis en demeure le mari divorcé ou les héritiers de celui-ci : *port divortium defuncta muliere heredi ejus actio non aliter datur quam si moram in dote mulieri reddendâ maritus fecerit* (3).

La dot n'est pas non plus restituable lorsque le mariage se dissout par la mort de la femme ou, dans le dernier état du droit, par un divorce qui lui est imputable. Le mari conserve alors tous les biens dotaux, car tout constituant, autre que le père de famille, a sans

(1) Ulpien, VI, § 3.
(2) Loi 2, D. de jure dot. — Loi 1, D. sol. matrim.
(3) Ulpien, frag. VI, § 7.

doute entendu les abandonner sans retour et est, en conséquence, présumé avoir préféré le mari à toute personne et à lui-même. Cette présomption tombe cependant en présence d'une stipulation expresse de restitution; la dot prend alors le nom de *dos profectitia*, et c'est toujours au constituant ou à ses héritiers qu'appartient le droit de la recouvrer (1).

Dans le droit classique, on peut atteindre le même résultat au moyen d'un pacte adjoint à la constitution de dot (2).

Enfin, sous Justinien, la stipulation expresse de restitution n'est plus nécessaire; elle est toujours sous-entendue au profit de la femme ou de ses héritiers. Le mari ne peut désormais retenir la dot qu'en vertu d'une convention expresse (3).

Dot profectice. La restitution de la dot profectice est toujours due par le mari lorsque le mariage prend fin pendant la vie du père ou de l'aïeul paternel qui l'a constituée. C'est ainsi que cette restitution doit être faite, non-seulement lorsque l'union conjugale se dissout par la mort du mari ou par le divorce, mais aussi lorsque la femme vient elle-même à mourir *in matrimonio*, son père ou son aïeul vivant encore: *mortua in matrimonio muliere, dos a patre profecta ad patrem recertitur* (4).

Pomponius explique d'une manière trop peu sérieuse,

(1) Ulpien, fr. VI, § 6.
(2) Const. 6, C. De jure dot.
(3) Const. unique, pr. C. de rei uxor. act.
(4) Ulpien, VI, §§ 4, 5 et 7.

pour qu'on puisse l'admettre, le droit de l'ascendant paternel. Il a perdu sa fille : il faut le consoler, dit-il, en lui rendant son argent : *Jure succursum est patri, ut, filiâ amissâ, solatii loco cederet si redderetur ei dos ab ipsâ profecta, ne et filiæ amissæ et pecuniæ damnum sentiret*(1).

Il vaut mieux dire que ce droit a été accordé au père parce que l'on ne peut pas invoquer contre lui la présomption que nous avons invoquée plus haut contre tout autre constituant. En dotant sa fille, le père ou l'ascendant investi de la puissance paternelle n'a pas fait un acte de disposition absolument libre; il a rempli un devoir et satisfait à une obligation de paternité, il a plutôt obéi à la loi qu'à toute autre considération et, par conséquent, n'a pas entendu gratifier le mari à ses propres dépens (2).

§ 2. — OBJET DE LA RESTITUTION.

L'obligation de restituer et, par suite, les droits de disposition du mari diffèrent suivant qu'il s'agit d'une quantité de corps certains ou de choses sur la qualité desquelles il y a doute au moment de la constitution de la dot.

I. La dot consiste en une quantité lorsqu'elle porte sur une somme d'argent ou sur des choses qui se consomment par le premier usage ou même sur des objets

(1) Loi 6, pr. D. de jure dot.
(2) Loi 19, D. de ritu nuptiarum.

estimés, pourvu que l'estimation ne soit pas accompagnée de la clause qu'elle ne vaut pas vente.

Dans le cas d'estimation pure et simple, en effet, on applique la règle *estimatio facit venditionem*, et le mari est traité comme un acheteur ayant le prix d'estimation pour objet de sa dette. Ajoutons, toutefois, que cette vente n'est réputée parfaite qu'à compter du jour de la célébration du mariage et qu'elle reste subordonnée jusqu'alors à la condition *si nuptiæ sequantur*. Il s'en-suit que, si les objets estimés viennent à périr avant la réalisation du mariage, l'obligation du mari ne peut plus prendre naissance faute d'objet (1).

II. La dot, au contraire, porte sur des corps certains lorsque les biens qui la constituent ne sont pas de ceux qui *vice mutuâ funguntur* et n'ont pas été estimés, à moins que l'estimation qui en a été faite n'ait été suivie de la convention qu'elle ne vaut pas vente, auquel cas cette estimation faite seulement *taxationis causâ* sert, si les choses périssent ou se détériorent par la faute du mari, à le rendre responsable de la *culpa levis in abstracto* (2), et à déterminer les dommages-intérêts qu'il doit (3).

III. Enfin, dans certaines hypothèses particulières, il peut y avoir doute, pour le moment, sur la qualité de la chose qui doit faire l'objet de la restitution. Il en est ainsi lorsqu'il est convenu, au moment de la consti-

---

(1) Loi 40, § 4, D. de jure dot.
(2) Loi 52, § 3, D. pro socio.
(3) Loi 69, § 7, D. de jure dot.

tution de la dot, que le mari rendra ou la chose elle-même ou l'estimation.

I. *La dot consiste en une quantité.* Le mari est réellement et absolument propriétaire; il est investi du droit de disposition le plus complet et n'a jamais aucun compte à rendre de la façon dont il l'a exercé. Comme l'emprunteur ou le quasi-usufruitier, il est simplement tenu de rendre, à la dissolution du mariage, à la femme survivante, à son ascendant paternel ou au tiers constituant qui a stipulé la restitution, une égale quantité d'objets de même nature et de même qualité ou la valeur des choses dont estimation a été faite (1).

Pendant toute la durée de l'union conjugale, il peut disposer, comme bon lui semble, des biens que la femme lui a apportés; il profite de toutes les plus values fortuites, comme aussi il supporte tous les risques (2). En cas d'éviction, il a le droit, comme tout acheteur, de demander garantie par l'action *ex empto* (3), mais, en revanche, il ne peut usucaper qu'au titre *pro emptore*, si l'usucapion est nécessaire; il doit donc être de bonne foi, comme en matière de vente, et au moment de la convention, c'est-à-dire de l'estimation, et au moment de la tradition.

Avant la célébration du mariage, le mari ne peut jamais usucaper les choses qu'il a reçues après estimation, puisque jusqu'à cette époque la vente est réputée

(1) Loi 42, D. de jure dot.
(2) Ibid.
(3) Frag. Vat., § 105.

conditionnelle et que, *pendente conditione*, on ne peut jamais être *in causâ usucapiendi* (1).

II. *La dot consiste en un corps certain.* S'il s'agit de choses qui *vice mutuâ non funguntur* ou n'ont pas été estimées ou l'ont été avec cette clause que l'estimation ne vaut pas vente, le mari est bien propriétaire, mais il est en même temps débiteur d'un corps certain et doit rendre, dans leur individualité, à la dissolution du mariage, les biens meubles ou immeubles apportés en dot. M. Accarias (2) fait justement remarquer que ce sont les corps certains seuls qu'on appelle biens dotaux ou choses dotales, car là où le mari ne doit qu'une quantité il y a bien une dot, mais il n'y a pas de bien dotal, à moins qu'on ne veuille appeler ainsi l'obligation même de restituer (3).

Les objets constitués en dot devant être restitués en nature, et le mari n'étant responsable que de son dol ou de sa faute, ces objets s'améliorent pour la femme seule, comme aussi ils se détériorent ou périssent pour elle. Ainsi, le fonds dotal s'est accru par alluvion, l'usufruit s'est réuni à la nue-propriété constituée en dot, l'esclave dotal a reçu un legs ou a été institué héritier, les esclaves dotales ont eu des enfants, la femme pourra répéter tous ces accroissements (4). Quant au trésor découvert sur le fonds dotal, pendant le mariage,

---

(1) Loi 2, § 1, D. pro empt. — Loi 1, § 2, pro dote. — Frag. Vat., § 111.

(2) V. Accarias, Droit romain, tome I, p. 737.

(3) Frag. Vat. § 111. — Const. unic., § 15, C. De rei uxor. act.

(4) Loi 10 pr. et § 1, De jure dot. — Frag. Vat., § 101.

comme il constitue un produit, non un fruit, le mari
sera tenu de rendre la moitié qu'il en aura touchée
comme propriétaire du fonds, sauf à garder l'autre
moitié, s'il en est lui-même l'inventeur (1). Nous avons
déjà dit que le mari ne peut, en outre, profiter des fruits
proprement dits que proportionnellement à la durée du
mariage (2), nous n'y reviendrons pas. Remarquons
cependant qu'on ne calcule la valeur de ces fruits que
déduction faite des impenses, d'où il suit que le mari
est tenu de restituer intégralement les frais de la
récolte pendante au jour du mariage; de même, lorsqu'il y a lieu de partager la dernière récolte, ses
dépenses lui sont remboursées proportionnellement à la
part des fruits qu'il doit laisser (3).

III. *L'objet de la restitution est douteux.* Le mari
peut être tenu sous une alternative; il a été dit, par
exemple, qu'il rendrait la chose ou l'estimation, le fonds
Cornélien ou 10,000 sexterces.

Une distinction est nécessaire pour savoir quel sera
l'objet de la restitution. Si, en constituant la dot, on
a décidé que l'option appartiendrait au mari, *utrum
maritus velit,* ou même s'il n'a été rien décidé du tout,
le droit commun, en matière d'obligations alternatives
étant que le débiteur se libère par le paiement de l'un
des objets compris dans l'obligation qu'il lui plaît de
choisir, le mari pourra dès à présent fixer l'objet de sa

(1) Loi 7, § 12, Solut. matri.
(2. Paul. Sent. II, tit. XXII, § 1. — Lois 10, §§ 2 et 3, 39, 65
et 69, § 9, D. de jure dot.
(3) Loi 7, pr. Solut. matri.

dette. Ce qu'il devait, dans notre hypothèse, était, à son choix, le fonds Cornélien ou 10; ce qu'il doit maintenant et qui est dotal est, par conséquent, à son choix aussi, le fonds Cornélien ou 10. D'où il résulte que s'il aliène le fonds Cornélien, ce qu'il a parfaitement le droit de faire, par là même il choisit les 10; l'acquéreur n'a pas à craindre la revendication, puisqu'il a traité avec le propriétaire sur un fonds qui n'était pas dotal (1).

Si, au contraire, le mari, par convention expresse, a abandonné le choix à sa femme, *utrum mulier velit*, il ne peut connaître d'avance l'objet de sa dette qui ne sera connu qu'à la dissolution du mariage, lorsque la femme aura été mise en demeure de choisir : en attendant, il doit se comporter comme s'il devait la chose elle-même, puisqu'il peut arriver que la femme la préfère.

Dans les deux cas, lorsqu'il y a perte totale de la chose, le risque incombe toujours au mari; il est alors tenu de fournir l'estimation qui, par la perte de l'objet dotal, est devenue la seule chose due (2). S'il n'y a qu'une perte partielle et si le choix lui appartient, le mari se libère en donnant la chose dans l'état où elle se trouve (3).

La loi 50, D. Sol. mat., nous montre aussi une hypothèse dans laquelle il peut y avoir doute, pendant le

(1) Lois 11 et 12, pr. D. De fund. dot.
(2) Loi 10, § 6, D. de jure dot.
(3) Loi 11, D. eod. tit. — Lois 11 et 12, pr. De fundo dot.

mariage, sur la chose qui devra faire l'objet de la restitution. Ainsi, il est intervenu un pacte après l'estimation
des biens dotaux, et ce pacte porte que les *res exstantes*,
au moment où la dot devra être restituée, seront ren-
dues en nature et que les *res non exstantes* devront être
représentées par leur estimation. Il suit tout naturellement de là que, relativement aux choses qui existent
encore, l'estimation n'a pas valu vente, et que, relativement à celles qui ont péri, même par cas fortuit,
le mari est considéré comme un acheteur et doit, par
conséquent, le montant de leur estimation originaire.
En somme, toutes sont à ses risques. Il fallait une juste
compensation à une situation aussi peu avantageuse :
voilà pourqui le mari garde, non-seulement les fruits,
mais encore tous les produits des biens dotaux, comme
il les garderait s'il y avait eu purement et simplement
estimation valant vente (1).

§ 3. — DÉLAI DE LA RESTITUTION ET RÉTENTIONS POSSIBLES.

Les pouvoirs du mari varient évidemment suivant le
délai qui lui est donné pour opérer la restitution, et ce
délai varie lui-même suivant l'action dont le mari se
trouve tenu.

S'il est poursuivi par l'action *rei uxoriæ*, qui est une
action de bonne foi et même mieux qu'une action de
bonne foi, car il n'y a pas seulement les mots *ex bona*

(1) V. Demangeat, de fundo dotali, p. 53.

3

fide, dans la formule, il y a *æquius melius,* le mari a le droit de ne restituer les quantités, les choses fongibles qu'en trois termes d'un an chacun, *annud, bind, trimd die,* comme dit Ulpien (1).

La restitution n'est immédiate que pour les corps certains qui n'ont pas été estimés lors de la constitution de la dot, ou qui l'ont été avec la clause que l'estimation ne valait pas vente.

Si le mari est, au contraire, poursuivi par l'action de droit strict *ex stipulatu,* ce qui arrive lorsque la femme ou le tiers constituant a stipulé la restitution des biens dotaux, il ne peut demander de délai pour faire la restitution, et toute dot, de quantité comme de corps certains, doit être par lui restituée immédiatement après la dissolution du mariage.

Ce n'est pas là la seule différence qui existe entre l'action *rei uxoriæ* et l'action *ex stipulatu.* En matière d'action *rei uxoriæ,* en effet, le mari peut opposer le bénéfice de compétence et n'est ainsi jamais condamné que *quatenus facere potest* (2); en matière d'action *ex stipulatu,* il ne jouit pas de ce bénéfice et se trouve même tenu vis-à-vis des héritiers de la femme, alors même que celle-ci ne l'aurait pas mis en demeure avant de mourir, auquel cas l'action *rei uxoriæ* se serait éteinte pour laisser le mari libre de toute obligation vis-à-vis de ces mêmes héritiers.

Une dernière différence, et c'est sans contredit la

(1) Ulpien, Frag. VI, § 8.
(2) Loi 20, D. XLII, 1, et Const. unic., § 7, C. V, 10.

plus importante au point de vue des pouvoirs du mari
sur la dot, consiste en ce que l'action *ex stipulatu* lui
défend de faire sur les biens dotaux certaines retenues
que lui permet l'action *rei uxoriæ*, pour les différentes
causes que nous allons passer en revue :

1° La rétention *propter liberos* a lieu lorsque le divorce
est intervenu par la faute de la femme ou de son père (1).
Le mari peut alors retenir un sixième de la dot pour
chaque enfant, sans pouvoir toutefois aller au-delà de
trois sixièmes, *non plures tamen quam tres sextæ in re-
tentione sunt :* il est juste, en effet, que supportant
encore les charges du mariage relatives à l'entretien et
à l'éducation des enfants, il conserve une partie de la
dot dont la destination primitive était de subvenir à ces
charges. — Si le divorce est arrivé par la faute du mari,
l'existence d'enfants ne lui donne aucun droit de retenue (2); il en est de même lorsque chacun des époux
est en faute.

2° L'inconduite de la femme donne lieu, au profit
du mari, à la rétention *propter mores :* si la faute est
gravior, la retenue est du sixième; si la faute est *minor*,
elle n'est que du huitième. En ce qui concerne les mau-
vaises mœurs du mari, s'il s'agit d'une dot restituable
par tiers d'année en année, la peine consiste dans la
restitution avant le terme légal (3) : *propter graviores
mores,* il est tenu de rendre cette dot immédiatement;
propter leviores, il n'a plus que trois termes de six mois.

(1) Ulpien, VI, § 10.
(2) Paul, Sent. II, de dot.
(3) Ulpien, VI, § 13.

Il encourt ainsi la déchéance de son délai, pour la totalité, dans le premier cas, pour la moitié, dans le second.

S'il s'agit d'une dot que le mari doit rendre sur-le-champ, il faudra qu'il restitue, outre les choses dotales, une quantité de fruits correspondant au temps dont la restitution est avancée, en pareil cas, pour la dot qui était de droit restituable en trois termes. Ainsi, comme le déclare très-justement M. Pellat (1), la faute grave, qui aurait obligé le mari à rembourser immédiatement la dot pécuniaire remboursable en trois ans, et qui l'aurait ainsi privé de l'intérêt d'un an, pour le premier tiers, de deux ans pour le second tiers et de trois ans pour le dernier tiers, ce qui revient à l'intérêt de deux ans pour la totalité du capital, cette faute grave l'obligera, pour la dot consistant en corps certains, restituable sans délai, à rendre, avec les objets qui la composent, les fruits de deux années. La faute légère qui, pour la dot de quantité, réduirait à six mois chaque terme d'un an, et priverait ainsi le mari de l'intérêt de six mois pour le premier tiers, d'un an pour le second tiers et de dix-huit mois pour le dernier tiers, soit de l'intérêt d'un an sur le capital entier, cette faute légère fera perdre au mari, pour une autre dot, les fruits d'une année.

Ajoutons enfin qu'il n'y a point de peine de part ni d'autre, s'il y a réciprocité de torts (2).

<hr>

(1) Pellat, de la Dot, page 26.
(2) Loi 39. D., Sol. mat. — Voir aussi les lois 38 et 47, cod. tit.

3° La rétention *propter res donatas* est fondée sur la nullité ou la révocabilité des donations entre époux. Lorsque le divorce ou la mort de la femme vient mettre fin à l'union conjugale, le mari peut retenir les biens qu'il lui a donnés.

4° Par la rétention *propter res amotas*, le mari reprend la valeur des objets que la femme a enlevés à son préjudice, en vue du divorce. Il y a là une sorte de compensation destinée à éviter l'exercice de l'action *rerum amotarum*

5° Il peut enfin y avoir lieu à la rétention *propter impensas*, lorsque le mari a fait des dépenses sur le fonds dotal. Ces dépenses peuvent être de trois sortes :

A. Elles sont dites nécessaires, quand le mari, en les faisant, a eu pour but la conservation du fonds. Dans ce cas, il doit être remboursé intégralement. La dot est, d'ailleurs, diminuée de plein droit, et la *condictio indebiti* est possible lorsque le mari a oublié de faire la rétention ; il peut ainsi répéter ce qu'il a payé en plus de ce qu'il devait (1).

B. Les dépenses simplement utiles, c'est-à-dire n'ayant servi qu'à l'amélioration de la chose, ne donnent lieu, au profit du mari, qu'à une rétention jusqu'à concurrence de la plus value ; si la femme a donné son consentement, la rétention est totale (2).

C. Quant aux dépenses voluptuaires, elles sont inutiles pour la conservation ou l'amélioration de la dot

(1) Ulpien, VI, § 15.
(2) Ulpien, VI, § 16. — Loi 8, De impensis in res.

et ne font qu'en augmenter l'agrément. Si elles ont été faites sans le concours de la femme, le mari ne peut exercer aucune rétention et n'a que la faculté de reprendre ce qui est susceptible d'être facilement enlevé(1).

DEUXIÈME RESTRICTION AUX DROITS DU MARI.

De la loi Julia de adulteriis.

Auguste, en montant sur le trône, trouva l'empire romain affaibli et dépeuplé par les conquêtes extérieures, par les guerres civiles et les proscriptions; d'autre part, la dépravation des mœurs était arrivée à son comble, le nombre des mariages diminuait de jour en jour et celui des divorces augmentait; la ruine de l'empire était certaine, si l'on n'eût porté à cet état de choses un remède prompt et énergique.

Pour cela, il fallait favoriser et régulariser les unions légitimes et frapper en même temps les célibataires, afin de combler, par les peines, le déficit du trésor et remédier ainsi à un autre mal. Tel fut l'objet des lois Julia et Papia Poppæa, plus généralement connues sous le nom de lois caducaires. Le nombre des mesures législatives que l'on prit alors à Rome n'avait jamais été aussi considérable et, selon l'énergique expression de Tacite, *utque antehac flagitiis, ita tunc legibus laborabatur* (2).

(1) Const. 1, § 5, C. De rei ux. act.
(2) Tacite, Annales, III, 25.

À cette époque commence une ère nouvelle pour le régime dotal; jusque-là il n'avait été réglé et reconnu que par l'usage, il le fut désormais par des lois. La puissance maritale faiblissait, en effet, tous les jours, le mariage libre était dans les mœurs et la dot en était l'élément nécessaire. On reconnut cette nécessité; aussi les lois nouvelles rendirent obligatoire la constitution de dot pour engager au mariage, tandis que, d'un autre côté, elles veillaient à sa conservation dans l'intérêt des seconles noces et de la famille. On put dire alors: *Reipublica interest mulieres dotes salvas habere propter quas nubere possunt* (1). Les motifs de ces lois étaient tous politiques; ils n'en furent que plus puissants pour leur maintien (2).

La loi Julia *de adulteriis*, qui doit faire le seul objet de notre étude, punissait l'adultère et défendait au mari d'aliéner les immeubles de la femme, sans avoir obtenu son consentement. Cette dernière mesure était indispensable pour sauvegarder les intérêts de la femme et lui assurer la restitution de la dot; l'obligation de restituer n'enlevait pas, en effet, au mari la qualité de propriétaire et ne l'empêchait pas d'aliéner valablement les biens dotaux. La femme n'avait, dès lors, contre lui qu'un simple droit de créance qui pouvait rester sans effet, lorsque le mari devenait insolvable: la prohibition formelle d'aliéner devait donc être la conséquence forcée de la restitution.

(1) Loi 2. D. de jur. dot.
(2) V. M. Ginoulhiac. — Rég. dot. et Comm. en France, p. 87.

Mais ce n'était pas là le seul objet de la loi Julia, ainsi que nous l'avons déjà dit et comme le prouve son titre lui-même : elle s'occupait à la fois du fonds dotal et de l'adultère. Pourquoi cette réunion, dans un même texte, de deux matières en apparence si dissemblables ! Hugo nous en donne l'explication suivante : « Auguste, en déclarant le fonds dotal inaliénable, permit, par là même, au mari d'intenter efficacement *l'accusatio adulterii.* En effet, *l'accusatio adulterii* ne pouvait être intentée par le mari qu'à la condition préalable d'avoir divorcé, et le mari, en cas de divorce, devait restituer la dot. Par suite, si le mari avait aliéné le fonds dotal, il ne pouvait plus intenter *l'accusatio adulterii,* puisqu'il ne pouvait plus restituer la dot qu'il n'avait plus ou qu'il ne pouvait plus reconquérir. De là, la loi Julia en rendant le fonds dotal inaliénable, empêche ce résultat et permet au mari de toujours intenter utilement *l'accusatio adulterii.* »

Cette interprétation de Hugo serait excellente si le fonds dotal était inaliénable d'une façon absolue ; il n'en est pas malheureusement ainsi, et le consentement de la femme suffit pour valider l'aliénation. Il s'ensuit que la femme, en donnant son consentement ou en le refusant, pourrait s'assurer ou non l'impunité de son crime ; nous serions en présence d'une loi faite pour punir l'adultère de la femme et, par une contradiction étrange, celle-ci pourrait en annuler l'effet, par la seule manifestation de sa volonté.

Nous ne pouvons donc admettre l'explication de Hugo, puisqu'elle mène à la négation du principe qu'elle pose; celle qu'a proposée M. Demangeat (1) est, d'ailleurs, de beaucoup plus acceptable; nous la résumons ainsi :

La loi Julia, comme à peu près toutes les autres lois de la même époque, avait pour but d'encourager le mariage; aussi punissait-elle l'adultère et protégeait-elle l'honneur du mari. Par suite, l'homme devra plus volontiers contracter une union dont la femme ne sera plus maîtresse de se faire un jeu. D'un autre côté, les femmes, qui ne pouvaient que difficilement se marier si elles n'apportaient point de dot, étaient d'ailleurs, le plus souvent, détournées du mariage, par la nécessité dans laquelle elles se trouvaient de confier au mari tout ou partie de leurs biens; or, la loi Julia écartait de leur part, toute appréhension, en leur donnant le pouvoir d'arrêter par un refus formel de consentement l'aliénation de leur fortune immobilière : elles seront donc plus facilement disposées à contracter des unions légitimes, lorsqu'elles auront la certitude que les biens qu'elles auront abandonnés au mari ne pourront jamais être, contre leur gré, transférés à des tiers. C'est ainsi que M. Demangeat rattache à une seule et même idée — pousser au mariage les hommes et les femmes — les deux ordres de dispositions que contient la loi Julia.

Peut-être aussi pourrait-on ajouter qu'il y avait là un habile calcul de la politique d'Auguste. En punissant l'adultère des femmes, une irritation assez vive était à craindre dans la société romaine, déjà si corrompue.

(1) Demangeat, de fundo dotali, loi 1.

Il ne serait par conséquent pas étrange qu'il eût voulu donner aux femmes une sorte de compensation en diminuant le pouvoir de leurs maris. De cette façon, les femmes ne pouvaient pas trop s'élever contre les premières dispositions de la loi et les hommes devaient se consoler facilement de la perte de leurs droits sur la dot, en obtenant les moyens de remédier à la grande facilité de mœurs de leurs femmes.

Quoiqu'il en soit, la loi Julia interdisait au mari l'aliénation du fonds dotal, sans le consentement de la femme; interdisait-elle également au mari d'hypothéquer ce même fonds?

D'après les Institutes (1), comme aussi d'après le Code (2), la loi qui nous occupe ne se serait pas bornée à défendre au mari d'aliéner seul le fonds dotal, elle lui aurait défendu de l'hypothéquer, même avec le consentement de la femme.

Cette deuxième disposition n'aurait rien eu en elle-même que de raisonnable : la femme assez clairvoyante pour mesurer les inconvénients d'une aliénation immédiate, peut ne point apercevoir les dangers, non pas plus considérables, mais plus lointains et plus dissimulés de l'hypothèque qui peut conduire la femme à une aliénation qu'elle n'avait point prévue, auquel cas elle ne retire pas, d'ailleurs, comme en matière de vente, un prix en retour de son immeuble. On peut donc présumer justement que le consentement qu'elle donne à

(1) Instit. liv. II, tit. VIII, princip.
(2) Const. unic., § 15, C. de rei ux. act. — Const. 1, C. de fund. dot.

l'hypothèque n'est pas donné en connaissance de cause, on peut le tenir pour non-avenu. Il n'y a là rien que de très-raisonnable, nous le répétons, mais cela se trouvait-il réellement dans la loi Julia? En se basant sur les textes précités des Institutes et du Code, plusieurs interprètes des lois romaines, et parmi eux, Cujas (1), ont enseigné que cette loi s'occupait de l'hypothèque du fonds dotal, par ce motif bien simple que la défense d'aliéner aurait été inutile si l'hypothèque, l'*obligatio*, avait été permise, et qu'en vertu de la maxime *lex arctius prohibet quod facilius fieri putat*, il était de toute évidence que la loi Julia s'occupait de ces deux modes d'aliénation. De nombreux doutes se sont cependant élevés sur ce point, et une théorie nouvelle s'est fait jour (2) qui considère la prohibition d'hypothéquer le fonds dotal, non plus comme découlant de notre loi, mais seulement comme une extension, consacrée par la jurisprudence, du système du Sénatusconsulte Velléien, qui défendait aux femmes, mariées ou non, d'*intercedere*, c'est-à-dire de s'obliger ou d'obliger leurs biens dans l'intérêt d'autrui (3).

D'abord, deux textes, l'un emprunté aux Institutes de Gaius (4) et l'autre aux Sentences de Paul (5), présentent la loi Julia comme ayant seulement défendu au mari d'aliéner le fonds dotal sans le consentement de sa

(1) Cujas, Comm. ad Afric. tract., chap. 8.
(2) V. M. Demangeat, de fund. dot. p. 200 et suiv.
(3) Lois 1, princip. et 2, princip. XVI, 1.
(4) Gaius, Comm. II, § 63.
(5) Paul, Sent. liv. II, tit. XXI, B. § 2.

femme. C'est le premier de ces textes qui a été reproduit dans les Institutes de Justinien, mais d'une façon
tout-à-fait inexacte, du moins en ce qui concerne les
fonds provinciaux; en effet, tandis que Gaius se borne
à dire qu'il y a doute sur le point de savoir si la règle,
d'après laquelle le mari ne peut pas aliéner le fonds
dotal *invitâ uxore*, s'applique même aux *prædia provincialia*, les rédacteurs des Institutes affirment que la loi
qui fait l'objet de notre étude ne s'applique qu'aux
fonds italiques. Que conclure de là, sinon que nous ne
devons pas apporter une plus grande confiance en cette
autre affirmation : la loi Julia défendait au mari d'hypothéquer le fonds dotal *etiam volente muliere.*

Qu'entend-on, d'ailleurs, par *rem obligare?* C'est affecter une chose à son créancier, de telle manière que,
faute de paiement à l'échéance, celui-ci puisse la vendre pour se payer sur le prix en provenant. Justinien
prend donc comme synonymes l'*hypotheca* et l'*obligatio
fundi dotalis.* Or, sous le règne d'Auguste, non-seulement
l'hypothèque n'était pas encore connue en Italie, mais
même il est à peu près certain que l'on n'y avait pas
encore fait usage, à cette époque, du *pignus* proprement
dit, c'est-à-dire du contrat par lequel le créancier ob-
tenait la possession d'un objet avec pouvoir de le vendre pour se payer de sa créance. Pour fournir une
sûreté réelle au créancier, le débiteur était alors obligé
de lui transférer la propriété même de la chose par
mancipatio ou par *in jure cessio*, sauf au créancier à
prendre, par le contrat de fiducie, l'engagement de re-
transférer cette propriété, après entier paiement de la

dette. La loi Julia devait donc simplement interdire au mari l'aliénation du fonds dotal, puisque l'aliénation était précisément le seul moyen mis à la disposition des particuliers pour donner une garantie réelle à leurs créanciers. Nous en tirons cette conséquence que ce n'est pas dans la loi Julia que nous devons chercher l'origine de la règle que le mari ne peut pas hypothéquer le fonds dotal, même avec le consentement de la femme. Il nous reste à prouver qu'elle découle du Sénatusconsulte Velléien, et c'est ce que M. Demangeat fait de la manière suivante : de même que, sous l'empire de la loi Julia, le mari ne peut aliéner le fonds dotal à ses créanciers *contractâ fiduciâ* qu'autant que la femme y consent, de même, quand le *pignus* et l'*hypotheca* commencèrent à être usités, on dut y voir une *alienatio* dans le sens de la loi Julia et, par conséquent, ne permettre au mari de grever ainsi le fonds dotal que moyennant le consentement de la femme. Puis, en y regardant de plus près, on dut se dire : « Si la femme qui consent
» hypothèque sur son paraphernal au créancier de son
» mari fait une véritable *intercessio pro marito*, serait-il
» raisonnable de ne pas considérer ainsi l'acte de la
» femme qui n'hypothèque pas elle-même (elle n'est pas
» propriétaire), mais qui consent à ce que le mari hypo-
» thèque le fonds dotal à son propre créancier ? Dans un
» cas comme dans l'autre il y a *intercessio*, car, dans un
» cas comme dans l'autre, la femme expose une partie de
» sa fortune pour venir au secours de son mari et de
» telle manière qu'elle se fait très-probablement illusion

» sur le danger. » (1). Telle est l'origine la plus probable
de la prohibition d'hypothéquer le fonds dotal : ce n'aurait été en quelque sorte que la réaction du principe général posé dans le Sénatusconsulte Velléien.

Si nous nous sommes si longtemps appesanti sur cette
question, c'est qu'elle présente le plus grand intérêt,
non-seulement au point de vue historique, mais encore
au point de vue des conséquences importantes qui en découlent. Nous ne les examinerons pas ici, parcequ'elles
regardent la femme plutôt que le mari et ne rentrent
pas, par suite, dans le cadre de notre sujet. Qu'il nous
suffise de savoir que, si l'hypothèque constituée par le
mari avec le consentement de la femme est destinée à
garantir une dette de celle-ci, comme la femme fait sa
propre affaire et qu'il n'y a ainsi de sa part aucune
intercessio, l'opération est parfaitement valable, dans
l'opinion que nous soutenons : elle doit être, au contraire, déclarée radicalement nulle, si l'on fait résulter
de la loi Julia la défense absolue d'hypothéquer. Cela dit,
passons à l'examen approfondi des dispositions de notre
loi et demandons-nous à quels biens elle s'applique,
quelles exceptions elle comporte et quelle en est la
sanction.

§ 1. — BIENS DOTAUX INALIÉNABLES.

Distinguons tout d'abord entre les meubles et les immeubles.

(1) Demangeat, loc. cit.

A. *Meubles dotaux.* — On ne trouve, dans la législation romaine, aucun texte qui apporte la moindre restriction aux droits de propriété et de libre disposition du mari sur les objets mobiliers qui lui ont été apportés en dot. La loi Julia ne parle que des immeubles : DOTALE PRÆDIUM, dit en effet Gaius, *maritus invita muliere per legem Juliam prohibetur alienare, quamvis ipsius sit, vel mancipatum ei dotis causa, vel in jure cessum, vel usucaptum* (1).

Ce n'est pas là le seul texte qui limite aux immeubles l'application de la loi, qui fait l'objet de notre étude, et déclare que la propriété mobilière dotale demeure intacte entre les mains du mari. Le titre du Digeste, où sont réunis les fragments des jurisconsultes qui avaient commenté la loi Julia, et le titre du Code, qui contient les constitutions impériales relatives au même objet, portent pour rubrique *de fundo dotali*. Enfin, nous trouvons dans les Institutes de Justinien l'expression *res soli* qui, sans aucun doute, est bien exclusive des choses mobilières. Quant au fond du droit, la certitude est encore plus grande. Le mari peut revendiquer les meubles, et nous savons que la formule de la *rei vindicatio* suppose nécessairement le droit de propriété de celui qui intente l'action : *si paret Num. Negidio rem ex jure Quiritium esse* (2). Il peut même revendiquer contre sa femme si elle détient un meuble dotal (3) ; c'est sur son ordre que l'esclave, institué héritier, accepte ou répudie

(1) Gaius, Comm. II, §63. — Voir aussi Paul. Sent. II, XXI. B.§2.
(2) Const. 9, C. De rei vind.
(3) Loi 21, D. Rer. amot.

la succession (1): il a l'action *furti* en cas de vol (2).
Enfin, la loi 21, *de manumissionibus* (Liv. XL, tit. 1)
et une constitution de l'empereur Gordien (3) reconnaissent, d'une manière formelle, au mari, le droit d'af-
franchir l'esclave dotal. La loi 21 ajoute, il est vrai,
que ce même droit ne lui appartient pas s'il est insolvable, mais c'est là une application de la loi Ælia
Sentia (4) et pas autre chose. Le mari peut donc affran-
chir l'esclave qui fait partie de la dot, et, par conséquent, l'aliéner. Or, si ce pouvoir d'aliénation lui est
conféré sur l'esclave qui est un meuble et des plus pré-
cieux, puisque les Romains le mettaient au rang des
choses *mancipi*, à plus forte raison doit-il l'avoir sur les
autres objets de valeur moindre? Ce raisonnement est
d'autant plus exact, que l'affranchissement dépouille
le propriétaire sans aucune compensation, tandis que
la vente lui assure un prix en retour de l'objet livré. On
pourrait néanmoins s'étonner de ce que la prohibition
de la loi n'ait porté que sur les immeubles; mais, à
Rome, les meubles n'avaient pas une aussi grande valeur que de nos jours; la fortune consistait surtout en
terres et en édifices, et on disait, comme dans notre
ancien droit; *vilis mobilium possessio*. De plus, les meubles doivent pouvoir circuler facilement, et ce serait
entraver les transactions, source inépuisable de ri-
chesses, que de les déclarer inaliénables; ne serait-il

(1) Loi 50, D. Solut. Matrim.
(2) Loi 49, D. De furt.
(3) Const. 7, C. liv. VII, tit. 8.
(4) Instit. Just. I. 6.

pas, d'ailleurs, presque absolument impossible de sanctionner une telle prohibition, les meubles étant susceptibles de passer si facilement d'une main dans une autre! Enfin, les choses mobilières se détériorent ou périssent avec une extrême facilité, et le mari, en les aliénant sagement, loin de compromettre les intérêts de la femme, lui épargne le risque des cas fortuits, sauf à être responsable, vis-à-vis d'elle, de toute aliénation inopportune ou faite à des conditions désavantageuses (1).

Il est donc certain que le mari peut aliéner tous les meubles corporels sans le consentement de la femme. A-t-il le même pouvoir sur les meubles *qui tangi non possunt?* L'affirmative n'offre point de doute. La loi 35, *de jure dot,* lui permet, en effet, de faire novation, à ses risques et périls, d'une créance mobilière dotale, et la loi 49, *eod. tit.,* lui donne le droit d'en faire acceptilation, de la tenir pour reçue à l'égard de son débiteur.

B. *Immeubles dotaux.* — La dot immobilière a été déclarée inaliénable par la loi Julia et, depuis lors, elle n'a pas cessé de l'être. Une distinction est cependant nécessaire, car, en ce qui concerne l'immeuble dotal donné avec estimation, le mari n'est pas tenu d'obéir aux dispositions prohibitives de cette loi qui, exorbitantes du droit commun et ne parlant que du *prædium dotale,* ne doivent évidemment pas être étendues à d'autres objets. Ainsi que nous l'avons d'ailleurs déjà dit, ce n'est plus alors l'immeuble lui-même qui est dotal,

(1) Loi 21, de manumis. XL. 1. — Const. 7. C. VII, 8.

4

mais seulement la somme à laquelle il a été estimé, en vertu du principe *æstimatio venditio est* (1). Le mari peut donc disposer du *prædium æstimatum* absolument comme de celui qu'il a recueilli pour une cause étrangère à son mariage. Quant à l'immeuble dotal estimé avec la clause que l'estimation ne vaut pas vente, il tombe sous le coup de la loi Julia, comme tout autre immeuble non estimé, et le mari n'a pas le droit de le vendre sans le consentement de la femme.

La défense d'aliéner le fonds dotal doit s'entendre dans le sens le plus largement protecteur pour la femme, puisque c'est pour elle qu'elle a été introduite. Tel est le principe. Nous en déduisons les applications suivantes :

1° L'inaliénabilité commence et finit avec le danger qu'elle a pour but de prévenir, c'est-à-dire avec le droit de propriété du mari. Elle ne doit donc pas être limitée à l'exacte durée du mariage, et date, par conséquent, du jour de la constitution pour ne s'arrêter qu'à la restitution. En d'autres termes, si le fonds destiné à devenir dotal est transféré au fiancé, l'inaliénabilité commence dès le jour de la constitution de dot; il serait par trop bizarre, en effet, que sur les biens destinés à devenir dotaux les pouvoirs du futur époux fussent plus étendus avant qu'après le mariage. De même, en sens inverse, si le mariage est dissous et si l'immeuble dotal doit être restitué à la femme, l'inaliénabilité subsiste tant que cette restitution n'a pas été effectuée (2).

(1) Const. 6, C. de usuf. III, 33.
(2) Lois 1, § 1, 4 et 12 princip. De fundo dotali, et Const. 5, C. VI, 61.

2° La prohibition de notre loi s'applique aussi bien aux créances immobilières qu'aux immeubles corporels, car faire acceptilation de pareilles créances, les transformer en créances mobilières, en argent, en meubles dotaux, c'est véritablement *prædium alienare*. Un texte vient, d'ailleurs, à l'appui de notre solution; c'est la loi 49, *de jure dot*. Le jurisconsulte Julien reconnaît au mari le droit de faire acceptilation d'une créance dotale, et il en donne ce motif: *Perinde enim est ac si pecuniam acciperet et eamdem promissori deberit*. Mais si la créance, et c'est l'argument que nous tirons de cette loi, avait eu pour objet, au lieu d'une somme d'argent, un immeuble, le même raisonnement fait par Julien l'aurait, sans aucun doute, conduit à une solution inverse.

3° Le principe d'inaliénabilité renfermé dans la loi Julia atteint tous les actes de disposition quels qu'ils soient. Peu importe que l'aliénation soit à titre gratuit ou à titre onéreux, qu'elle soit entre vifs ou à cause de mort, totale ou partielle, directe ou indirecte, elle excède toujours les pouvoirs du mari. Il s'ensuit que ce n'est pas seulement la propriété Quiritaire qui se trouve comprise dans notre prohibition, mais tout droit immobilier venant de la femme et qui doit lui être rendu (1).

Sont donc inaliénables par le mari, sans le consentement de la femme:

a. La pleine propriété de la dot;

b. Sa nue-propriété,

---

(1) Lois 4, Solut. matri., et 11, De fund. dot.

c. **Les biens dotaux** *in bonis.* — La loi 5, *solut. matrim.*
suppose, en effet, un mariage après la dissolution duquel il s'agit de fixer la part qui doit revenir au mari
dans les fruits, et le jurisconsulte Ulpien déclare que,
pour la division de l'année dans laquelle le divorce a
eu lieu, il ne faut pas s'attacher au jour du mariage,
mais prendre uniquement pour point de départ le jour
de la tradition; or, nous savons que la tradition ne peut
pas donner le *dominium* proprement dit, le mari n'a
donc que l'*in bonis* sur ce fonds qui est dotal et, par
suite, inaliénable.

Si on nous objecte, avec la la loi 13, § 2, *De fundo
dot.*, que, pour que le fonds soit inaliénable, il faut
que le mari ait sur lui le *dominium*, nous répondrons
avec la loi 1, *eod. tit.*, que l'on se sert souvent de l'expression *dominus* pour désigner le droit d'une personne
à la propriété bonitaire. Il s'agit ici d'un individu envoyé
en possession par le Préteur, à suite du refus par le
propriétaire de donner la *cautio damni infecti :* cet envoi,
dit le texte, le rend *dominus* et personne, cependant,
n'ignore qu'il n'a que l'*in bonis*.

Il suit aussi du principe général contenu dans la loi
Julia que le mari ne peut seul grever le fonds dotal
d'aucune servitude passive, ni laisser éteindre les servitudes actives qui lui appartiennent : c'est, en effet,
véritablement aliéner pour partie la propriété d'un fonds,
c'est en diminuer la valeur qu'éteindre les servitudes
actives qui lui sont dues ou le grever de nouvelles servitutes passives (1). Ainsi, le mari ne peut pas concéder

(1) Loi 5, D., De fund. dot.

à un voisin un droit de passage ou d'aqueduc sur le fonds dotal, et le voisin qui, par la *patientia* du mari, aurait exercé une servitude, pendant un certain temps, ne pourrait pas être considéré comme l'ayant définitivement acquise.

De même encore, le mari ne peut laisser perdre une servitude par le simple non-usage, car *eum alienare dicitur qui non utendo amisit servitutes* (1); s'il reste donc deux années sans exercer une servitude de passage, la dotalité du fonds fera obstacle à ce que la servitude qui lui appartient se trouve éteinte *non utendo* (2).

La même règle s'applique aux droits d'usage, de superficie et d'emphytéose, par analogie de ce que l'*oratio Severi* a établi dans l'intérêt des mineurs; il en est autrement du droit d'usufruit que le mari peut laisser éteindre (3), mais qu'il ne peut cependant constituer.

4° Enfin, la loi Julia ne vise pas seulement les aliénations conventionnelles : l'inaliénabilité qui en découle affecte la chose dotale d'un vice qui en rend impossible l'acquisition par usucapion ou par *præscriptio longi temporis*. S'il en était autrement, il serait bien facile au mari d'éluder la prohibition et l'inaliénabilité ne serait qu'un vain mot : *alienationis verbum etiam usucapionem continet; vix est enim, ut non videatur alienare, qui patitur usucapi* (4). Peu importe que le tiers ait reçu le fonds dotal de bonne ou de mauvaise foi : l'usucapion

(1) Loi 28, D., Verb. sign.
(2) Loi 6, D., De fund. dot.
(3) Loi 78, D.. De jure dot.
(4) Loi 28, pr. D. verb. sign.

n'aura jamais lieu, car il y a ici, nous le répétons, un vice particulier résultant d'une prohibition formelle de la loi et contre lequel la bonne foi de l'une des parties doit rester impuissante : *ubi lex inhibet usucapionem, bona fides possidenti nihil prodest* (1).

Lorsque l'usucapion ou la *longi temporis præscriptio* d'un immeuble dotal a commencé avant la constitution de la dot, elle continue après. Les Romains n'admettaient pas, en effet, l'interruption civile de la possession : ainsi, l'usucapion n'était point interrompue lorsque le possesseur devenait de mauvaise foi, ni même quand le propriétaire revendiquait contre lui. Il n'y avait qu'une seule cause capable d'interrompre l'usucapion, à Rome : cette cause unique, c'était la perte de la possession. Nous devons observer, toutefois, que si, dans le cas où l'usucapion a commencé avant la constitution dotale, le mari a pu l'interrompre en revendiquant l'immeuble entre les mains du tiers afin de parvenir à le déposséder, et ne l'a point fait, il est justement responsable de cette négligence, envers sa femme, à la dissolution du mariage.

§ 2. — EXCEPTIONS AU PRINCIPE D'INALIÉNABILITÉ.

Il y a certaines aliénations qui ne tombent pas sous le coup de la loi Julia et dont le fonds dotal reste parfaitement susceptible. Le législateur ne s'est, en effet, proposé que de garantir la femme contre les aliénations

(1) Loi 21, pr. D. De usurp.

volontaires de son mari; il a simplement voulu empêcher que celui-ci pût, par sa seule volonté, comme le
peut ordinairement le propriétaire, abdiquer, au profit
d'un tiers, son droit sur le fonds dotal : d'où il suit,
d'une manière invincible, que toute aliénation faite
indépendamment de la volonté du mari, ou malgré lui,
ex causa necessaria, doit être valable, ainsi que le
déclarent formellement plusieurs textes, dans les principales hypothèses que nous allons examiner :

I. — *Aliénations nécessaires.*

a. Le mari, propriétaire d'une maison dotale qui
menace ruine, refuse de donner au voisin la *cautio damni
infecti*, c'est-à-dire de prendre l'engagement de réparer
le dommage possible. Sur ce refus, le Préteur, par un
premier décret, envoie d'abord le voisin en possession
et le met ensuite, au bout d'un certain temps, après
une *causæ cognitio* préalable et par un second décret,
in causa usucapiendi. Le voisin a alors la maison *ruinosa
in bonis ejus* et se trouve désormais en voie d'usucaper.
L'aliénation qui a lieu, se produisant malgré le mari,
est valable (1).

b. La dotalité porte sur une simple part indivise
d'un immeuble et le partage est demandé, non par le
mari lui-même, mais par son copropriétaire, au moyen
de l'action *communi dividundo* : le juge de cette action,
par son *adjudicatio*, peut très-bien attribuer au demandeur tout ou partie de ce qui était dotal; c'est ce qui
résulte, d'une façon positive, d'une constitution de

(1) Loi 1, princip. D. De fund. dot.

l'empereur Gordien : *Mariti qui fundum communem cum alio in dotem inaestimatum acceperunt, ad communi dividundo judicium provocare non possunt, licet ipsi possint provocari* (1).

L'aliénation de la part dotale qui résulte de l'adjudication faite par le juge est donc parfaitement valable ; le mari, en effet, n'a pu s'opposer à l'exercice de l'action en partage, ni par suite, en empêcher les conséquences naturelles.

Si le fonds, au lieu d'être adjugé au demandeur, est tout entier adjugé au mari, la portion nouvellement acquise ne devient pas dotale ; seulement, à la dissolution du mariage, la femme peut réclamer la totalité de l'immeuble, auquel cas le mari a le droit d'exiger la récompense due pour le prix d'achat de la nouvelle portion (2).

II. — *Transmissions universelles.*

La dotalité d'un immeuble ne l'empêche pas d'être transmissible *per universitatem* ; la loi Julia ne s'applique point aux aliénations qui comprennent le patrimoine entier du mari. Celui-ci peut, par conséquent, mourir (3), se donner en adrogation (4), être condamné à la déportation (5), devenir esclave (6) ou contracter une société *totorum bonorum*, avec un tiers (7), dans tous

(1) Const. 2, C. De fund. dot.
(2) Loi 78, § 4, D. De jur. dot.
(3) Loi 1, § 1, De fundo dotalii.
(4) Loi 8, De capit. minut.
(5) Loi 5, § 1, De fund. dot.
(6) Loi 5, cod. tit.
(7) Lois 2 et 4, § 1, Pro socio.

ces cas, les immeubles dotaux passent à son successeur universel, mais toutefois sans cesser d'être inaliénables. L'acquéreur reste tenu des mêmes obligations que le mari, puisque toute acquisition à titre universel nous soumet aux charges dont les biens acquis se trouvaient grevés entre les mains de notre auteur. La condition du fonds reste donc la même : l'aliénation en sera toujours impossible pour le nouveau propriétaire (1).

§ 3. — Sanction de la loi Julia.

Si, au mépris de la loi Julia, un mari aliène l'immeuble dotal sans le consentement de la femme, quelle est la valeur de cet acte de disposition ? Il n'est pas radicalement nul, mais peut être annulé, suivant les cas, *toties non potest alienari fundus*, nous dit Paul, *quoties mulieri actio de dote competit, aut omnino competitura est* (2). La défense faite au mari d'aliéner le fonds dotal, *invita uxore*, n'a été portée que dans l'intérêt de la femme ; l'aliénation faite par le mari seul n'est donc nulle que lorsque la femme a un intérêt à la critiquer, ce qui suppose nécessairement qu'elle a un droit acquis à la restitution de la dot. Il s'ensuit que, pendant toute la durée du mariage, le sort de l'aliénation demeure en suspens. L'union conjugale se dissout-elle par le prédécès du mari ou par le divorce, la femme qui a l'action *rei uxoriæ* a aussi le droit d'attaquer l'acte de

(1) Loi 1, § 1, loc. cit., et loi 2 pr., et § 1, De fund. dot.
(2) Loi 3, § 1, D. eod. tit.

disposition; la dissolution arrive-t-elle, au contraire, par la mort de la femme, le mari qui gagne la dot adventice ne peut certainement pas évincer le tiers acquéreur, *fundus emptori aufelli non potest* (1), et le père qui reprend la dot profectice ne parait pas pouvoir invoquer une inaliénabilité qui n'a pas été établie en sa faveur. Il en est de même de l'étranger qui, en constituant la dot, en a stipulé la restitution à son profit; il ne peut point se prévaloir des dispositions de la loi Julia et n'a que les droits d'un créancier ordinaire, par exemple, d'attaquer les actes du mari comme faits *in fraudem.*

Quid juris des héritiers de la femme? Dans le cas de prédécès de celle-ci, il est évident qu'ils n'auront pas plus de droits qu'elle; mais auront-ils tous ceux qu'elle avait et pourront-ils attaquer l'aliénation toutes les fois que la femme l'aurait pu elle-même? La loi 13, § 3, *De fund. dot.* pourrait le faire croire : *heredi quoque mulieris idem auxilium præstabitur quod mulieri præstabatur.* Il n'en est rien cependant. Ce § 3 doit être, en effet, simplement entendu en ce sens que les héritiers de la femme pourront critiquer l'aliénation du fonds dotal, consentie par le mari seul, toutes les fois qu'ils auront droit eux-mêmes au recouvrement de la dot, et non toutes les fois que ce droit appartiendra à la femme. En d'autres termes, les héritiers de celle-ci ne pourront demander l'action en revendication contre l'acheteur que dans les seuls cas où la femme aurait stipulé la

(1) Loi 17. De fund. dot.

restitution de la dot, ou lorsqu'elle serait morte après avoir mis en demeure son mari ou ses héritiers.

La question de savoir si le mari peut invoquer lui-même la nullité de l'aliénation, avant la dissolution du mariage, a été longuement agitée parmi les interprètes et malheureusement aucun texte ne vient fournir le moyen de la résoudre. Nous pensons néanmoins qu'elle doit l'être par l'affirmative. Par rapport au mari, la vente doit être considérée comme nulle, puisqu'il n'avait pas le droit de la faire sans le consentement de la femme; il n'y a eu, pour ainsi dire, qu'une tentative et l'immeuble n'a jamais cessé de lui appartenir : il peut donc le revendiquer, comme il le ferait contre un possesseur sans titre ou contre un tiers qui l'aurait reçu *a non domino*. Cependant, comme on ne doit pas laisser l'acheteur complètement désarmé, s'il a déjà payé le prix, la *condictio indebiti* sera à sa disposition pour le recouvrer (1).

La nullité de l'aliénation étant devenue certaine, par suite de la naissance du droit de la femme à la restitution de sa dot, à qui doit appartenir la revendication? Ce n'est pas à la femme, car elle n'est pas propriétaire, et nous savons que celui-là seul peut revendiquer qui est investi du droit de propriété : ce sera donc au mari lui-même ou à ses héritiers; mais, comme ils n'auront aucun intérêt, ils seront tenus de céder l'action à la femme, qui, à défaut de cession effective de leur part, pourra demander au Préteur et obtenir de lui une revendication utile.

(1) V. Demangeat, De fundo dotali, page 378.

RÉFORMES DE JUSTINIEN

I. — Une des réformes les plus importantes intro-
duites par Justinien fut certainement celle qui mit
l'aliénation du fonds dotal sur la même ligne que l'hypothèque, en décidant que l'une et l'autre seraient nulles,
nonobstant le consentement de la femme (1).

Après cette innovation, le régime dotal change
complètement de caractère. Auguste s'était adressé
directement au mari pour lui interdire toute aliénation,
et cela, pour un motif d'ordre public, faciliter les
seconds mariages et remédier à la dépopulation de
l'empire ; mais Justinien réprouve les secondes noces
et ne s'occupe que de l'intérêt de la femme, qu'il veut
protéger contre sa propre faiblesse ; il le dit lui-même
à la fin du *principium* du titre 8 : *ne sexus muliebris fra-
gilitas in perniciem substantiæ earum concerteretur* ; il le
répète dans la Const. unique, § 15; *De red. uxor. act.;
ne fragilitate naturæ suæ repentinam deducatur inopiam.*

Le principe d'inaliénabilité a donc un tout autre fondement que sous Auguste ; il n'est plus un privilège
pour la femme : imposé à la femme comme au mari, il
est devenu un privilège pour les enfants. La dot, sous
les empereurs chrétiens, n'est pas seulement la propriété des deux époux ; c'est le patrimoine commun du
ménage, c'est une sorte de réserve que la loi assure

(1) Just. Instit. l. II, tit. VIII, pr.

aux enfants et qu'ils retrouveront intacte, malgré les dissipations et la ruine de leur famille (1).

Justinien ne se contenta pas de défendre au mari l'aliénation des immeubles dotaux situés en Italie, même avec le consentement de la femme, il étendit la prohibition au fonds dotal situé dans les provinces. La loi Julia devait donc s'appliquer dorénavant *non solum in Italicis fundis, sed etiam in provincialibus* (2), d'où la question de savoir si cette loi avait réellement déclaré qu'elle serait inapplicable aux immeubles provinciaux. Aucun texte formel ne le déclare : quelques-uns, au contraire, émettent des doutes sur ce point. C'est ainsi que Gaius nous apprend que ses contemporains discutaient s'il fallait appliquer la loi Julia dans les provinces : *Quod quidem*, dit-il en parlant de l'inaliénabilité établie par cette loi, *utrùm ad italica tantum prædia, an etiam ad provincialia pertineat, dubitabatur* (3), d'où il suit que la loi Julia ne contenait aucune disposition expresse à cet égard. Il y a plutôt tout lieu de croire que ce furent les jurisconsultes eux-mêmes qui limitèrent son application à l'Italie. En effet, les fonds provinciaux appartenant soit au Sénat, soit à l'empereur, n'étaient pas susceptibles d'un véritable *dominium*; leur transmission ne pouvait conférer qu'une espèce de possession ou de jouissance et, par suite, on pouvait dire très-subtilement qu'ils ne comportaient pas d'aliénation, dans le sens légal du mot. Or, comme la loi Julia défendait

(1) V. M. Gide, de la cond. privée, p. 211.
(2) Inst. Just. loc. cit.
(3) Gaius, Comm. II, § 63.

d'aliéner les immeubles et que parmi les immeubles ceux-là seuls pouvaient être véritablement aliénés auxquels le *jus italicum* avait été concédé, la jurisprudence en avait naturellement conclu que les fonds provinciaux ne tombaient pas sous le coup de la loi Julia.

Sous Justinien, la dot mobilière est-elle encore aliénable ? On pourrait en douter en présence de la Const. 30 (C. *de jure dot.*) qui accorde à la femme le droit de revendiquer les meubles comme les immeubles, à la dissolution du mariage, et semble, par conséquent, devoir la faire considérer, jusqu'à un certain point tout au moins, comme propriétaire des uns et des autres.

Cette action en revendication ne parait-elle pas lui donner un droit de propriété inconciliable avec le droit du mari ? Si celui-ci peut aliéner, comment comprendre qu'une fois le mariage dissous la femme puisse demander au tiers acquéreur les meubles vendus ? Nous répondons que, le droit d'aliéner les objets mobiliers étant de règle générale, il faut un texte formel pour priver de ce droit; or, nous ne trouvons point ce texte dans la législation de Justinien. La Constitution 30 elle-même, loin d'être probante, sert à réfuter l'argument que l'on veut en tirer : cette Constitution est de l'année 529 et la Constitution 1 (*de rei uxor*), qui prohibe l'aliénation du fonds dotal, même avec le consentement de la femme, est de 530. Que conclure de là, sinon que, dans le texte législatif qui nous occupe, Justinien avait conservé la législation antérieure, puisque, un an après, il y apporte une modification, mais pour les immeubles dotaux seulement, en laissant de côté les meubles ?

Certains jurisconsultes du moyen-âge ont voulu voir cette inaliénabilité dans la Novelle 61, qui établit que les biens co·upris dans une donation *ante nuptias* ne pourront être aliénés ni hypothéqués. Le législateur ne parle plus de *rebus soli*, de *prædio* ou de *fundo dotali*; il s'exprime d'une façon générale, en disant simplement : *quid dotis*. Partant de là, Bartole, Baldus Novellus, Perezius et Mathieu Wesenbach (1), disaient que, par l'effet de cette Novelle, la dot mobilière était devenue inaliénable; mais ils ne pouvaient s'empêcher de reconnaître que, mise en présence du Digeste et du Code, leur opinion était erronée. Cujas, avec la majorité des docteurs (2), a tranché la controverse au profit de l'aliénabilité des meubles dotaux. L'argument tiré de la Novelle ne lui paraissait pas suffisant. Il ne pouvait admettre, avec raison, que dans ces expressions très-vagues *quid dotis*, une aussi grande innovation se fût introduite.

II. Des deux actions qui, depuis Auguste, avaient compété à la femme pour la restitution de sa dot, Justinien ne conserve que l'action *ex stipulatu*; mais en la modifiant profondément par l'adjonction des principaux avantages de l'action *rei uxoriæ* (3). Dès lors, quelle que soit l'origine de la dot, quelle que soit aussi la cause de la dissolution du mariage, la femme ou ses héritiers peuvent toujours la redemander par l'action *ex stipu-*

(1) Comm. du Dig. XXIII, t. 5, n. 1.

(2) Cujas (ad Cod. lib. V. t. 13, loi 1); Vinnius (Inst. liv. II, tit. 8); Voet (ad Pand. XXIII, 5).

(3) Const. unique, § 3, C. De rei uxor. act.

latu comme si la femme en avait stipulé la restitution. Les stipulations *de reddendâ dote* ne sont donc plus nécessaires puisqu'elles demeurent désormais sous-entendues.

L'action *ex stipulatu*, qui était autrefois une action *stricti juris*, acquiert le caractère d'action de bonne foi, et, comme telle, la caution *de dolo* s'y trouve tacitement comprise, au profit du mari qui conserve, en outre, le bénéfice de compétence, *quia hoc æquissimum est et reverentiæ debitum maritali si non dolo malo versatus est*, pourvu toutefois qu'il fournisse une caution, *quod si ad meliorem fortunam pervenerit, etiam quod minus persolvit, hoc restituere procuret*.

III. En ce qui concerne la restitution de la dot, Justinien admet un terme moyen à celui qui, après Auguste, existait dans nos deux actions : c'est ainsi qu'il supprime la restitution immédiate de tous les biens dotaux, comme trop rigoureuse pour le mari, et la restitution par trois annuités, comme trop lente et trop nuisible à la femme. Il décide qu'elle aura lieu désormais *intra annum in rebus mobilibus, vel se moventibus vel incorporalibus; cæteris videlicet rebus quæ solo continentur, illico restituendis, quod commune utriusque actionis fuerat.* Les immeubles étant inaliénables restent sous la main du mari qui a, par suite, la faculté de les rendre tout d'abord, sans inconvénient ; quant aux meubles, dont il a pu se défaire, et qu'il peut ne pas avoir à tout moment à sa disposition, on comprend qu'un délai lui soit accordé (1).

(1) Const. 1, C., § 7, De rei ux. act.

D'après la Novelle 98, le mari ne profite plus, d'une façon irrévocable, de la dot qu'il n'est pas obligé de rendre à la femme : il est tenu de la conserver pour la restituer aux enfants nés du mariage, *dotem hanc omnino servare filiis*, et cela, soit que l'union conjugale ait été dissoute par la mort de la femme, soit qu'elle l'ait été par le divorce (1).

Enfin, le mari n'a plus le droit de faire des rétentions qui n'ont, le plus souvent, d'autre but que de retarder la restitution de la dot : *Ex stipulatu actio*, dit Justinien, *merito secundum sui naturam nullam accipiat retentionem* (2). Le mari doit commencer par restituer les biens dotaux *in integrum*, sauf à répéter ensuite contre la femme ce que celle-ci se trouve lui devoir. Les anciens principes ne continuent d'exister que pour les dépenses nécessaires : *ipso jure necessariis sumptibus dos minuitur, sicut, ex latioribus Digestorum libris cognoscere licet* (3).

CHAPITRE II

DROITS DU MARI SUR LES BIENS PARAPHERNAUX.

La mari n'a aucun pouvoir sur les biens paraphernaux : la femme en est propriétaire. Seule, elle les administre, perçoit leurs revenus et en dispose, sans au-

(1) Nov. 22, § 30.
(2) Const. 1, § 5, C. De rei ux. act.
(3) Instit. Just., § 37, De actionibus.

torisation; elle peut les donner, les vendre, les échanger, selon son gré, sans que le mari puisse jamais intervenir: *nullo modo, muliere prohibente, virum in paraphernis se volumus immiscere* (1) Deux barrières restreignent, il est vrai, les droits de la femme, mais le mari, loin d'en profiter, en supporte souvent un préjudice : elles découlent du Sénatusconsulte Velléien et de l'interdiction des donations entre époux, consacrée depuis longtemps par l'usage et réglée, plus tard, par un Sénatusconsulte rendu sous les empereurs Septime Sévère et Antonin Caracalla. La puissance maritale n'entre pour rien dans les motifs de ces prohibitions : la première ne fut nullement établie en faveur du mari, et la seconde constitue surtout une limite apposée à l'influence trop grande que l'un des époux pourrait exercer sur l'autre : il sera donc suffisant de les avoir indiquées, sans les approfondir.

Les paraphernaux, avons-nous dit, échappent au mari de la manière la plus absolue: tel est le principe. Toutefois, il se peut qu'en fait la femme veuille l'associer à la jouissance ou à l'administration de ces biens; la littérature classique nous en donne elle-même la preuve par le tableau qu'elle nous présente de mariages heureux où l'union des cœurs amène la confusion des revenus.

O felix animo, felix, Nigrina marito
Atque inter latias gloria prima nurus!
Te patrios miscere juvat cum conjuge censas,
Gaudentem socio participique viro! (2)

(1) Const. 8, C. Pac. Conv., et Const. 6, de revoc. don.
(2) Martial, Epigr. IV, 75.

Lorsque les paraphernaux ont été livrés par la femme à son conjoint, celui-ci en devient-il propriétaire ? Il y a là une question d'intention. La femme a-t-elle voulu que la propriété fût transférée au mari, celui-ci en devient propriétaire et, à la dissolution du mariage, la femme a contre lui, non la revendication, puisqu'elle n'a plus le *dominium*, mais la *condictio sine causâ*, puisque le mari les garderait sans motif, les relations qui avaient motivé cette translation ayant pris fin (1).

La femme a-t-elle eu simplement l'intention de constituer son mari dépositaire ou administrateur de ses paraphernaux, elle pourra exercer contre lui l'action *depositi* ou l'action *mandati* et, dans ce dernier cas, lui demander compte de sa simple négligence, comme à un mandataire ordinaire (2). Si le mari est détenteur sans titre, la question se résout encore par une interprétation de sa volonté. A-t-il voulu s'approprier le bien de sa femme, il a commis un véritable vol et se trouve passible de l'action *rerum amotarum* (3). A-t-il eu seulement l'intention de le conserver, sans l'acquérir, la femme peut le poursuivre par l'action *ad exhibendum* pour le forcer à le représenter ; s'il conteste le droit de propriété de sa femme, après avoir exhibé, celle-ci exerce contre lui l'action en revendication, et, s'il a causé un dommage quelconque, l'action *legis Aquiliæ*.

En dernier lieu, si la femme apporte certains effets dans la maison conjugale, après en avoir dressé un

(1) Loi 9, § 3, D., de jure dot. — Const. 11, C. pact. conv.
(2) Const. 11, C., Pact. conv.
(3) Const. 1 et 2, C., Rerum amot.

état qu'elle a fait signer par le mari, il n'en résultera point que celui-ci en devienne propriétaire, et cela, non pas parce qu'il n'y a pas eu de tradition, mais parce qu'elle n'a pas été accompagnée de l'intention d'opérer une tanslation de propriété.

Il est, en effet, à présumer, ainsi que le déclare Ulpien, que la femme a voulu simplement constater son apport, afin que le mari, obligé de le rendre, ne puisse en nier la consistance : *non puto hoc agi inter virum et uxorem, ut dominium ad eum transferatur, sed magis ut certum sit in domum ejus illata, ne si quandoque separatio fiat, negetur.*

APPENDICE. — Il ne nous reste plus qu'à consacrer quelques lignes à l'examen rapide d'une autre classe de biens que possède la femme et qui viennent se placer, à Rome, à côté de ses biens dotaux et paraphernaux : nous voulons parler des biens qui lui sont donnés *ante nuptias*, dans le droit classique, *propter nuptias*, sous Justinien.

L'usage de la donation *ante nuptias* ne s'introduisit que bien postérieurement à celui de la dot. Dès le début, elle avait toujours lieu avant le mariage, puisque les donations entre vifs étaient prohibées entre époux; mais, plus tard, l'empereur Justin permit de l'augmenter après la célébration de l'union conjugale. Justinien alla même plus loin ; il permit de la créer pendant le mariage et, pour mettre les mots d'accord avec les choses, remplaça le nom de *donatio ante nuptias* par celui de *donatio propter nuptias* (1).

(1) Instit., § 3, De donat.

Le mari conserve toujours la jouissance des biens qu'il donne ainsi à sa femme : celle-ci n'a sur eux qu'une propriété résoluble qui ne lui est définitivement acquise que dans les mêmes cas où le mari peut lui-même conserver la dot. Ainsi, dans le droit antérieur à Justinien, de même que les biens dotaux restent au mari survivant, de même aussi la donation *ante nuptias* doit appartenir à la femme survivante. Ainsi encore, sous Justinien comme avant lui, lorsqu'il a été convenu que, dans le cas de survie, le mari pourra retenir une portion de la dot, par là même, par une juste réciprocité, la femme acquiert le droit de gagner une partie des biens donnés *ante* ou *propter nuptias*, dans le cas où elle survivrait elle-même. D'après une Constitution des empereurs Léon et Anthémius, il devait y avoir égalité proportionnelle dans ces gains de survie, le quart, le tiers, la moitié de la donation (1); Justinien décida, au contraire, que la valeur serait identique et que celui qui survivrait aurait la somme même que son conjoint aurait eue s'il avait survécu (2). Dans le dernier état du droit, enfin, de même que la femme perd sa dot, quand le divorce lui est imputable, de même le mari perd tous les biens qu'il a donnés *propter nuptias*, lorsque le divorce survient par sa propre faute (3).

Dans ces différentes hypothèses, la femme devient réellement et définitivement propriétaire; le mari perd, dès lors, tous ses droits sur les biens qui ont fait l'objet

(1) Const. 9, C. V. 11.
(2) Novelle 97, ch. 1.
(3) Const. 8, § 5, C., V, 17.

de la donation. Il en est de même, nonobstant le maintien du mariage, dans le cas où il devient insolvable ; s'il tombe en déconfiture, s'il est *ad inopiam deductus*, les créanciers n'ont pas le droit de s'emparer des biens qui sont compris dans la donation *propter nuptias* et qui doivent rester affectés à l'entretien du ménage (2).

(3) Const. 29, C. de jure dot.

DEUXIÈME PARTIE

ANCIEN DROIT FRANÇAIS

Lorsqu'en étudiant les lois françaises, on vient à chercher l'explication de leur état présent, il faut aller la demander à l'examen des phases successives par lesquelles a passé son développement.

On reconnaît, tout d'abord, que trois éléments distincts ont contribué à former notre législation, l'élément celtique, l'élément romain et l'élément germanique, et quelle que soit, du reste, la prédominance que l'on veuille accorder à l'un d'eux dans la formation du droit français, il n'en est pas moins évident que chacun a laissé son empreinte sur le monument définitif. De là, pour nous, la nécessité de les examiner chacun dans ses rapports avec notre sujet.

Que furent donc les droits du mari sur les biens de la femme chez les Gaulois, chez les Germains! Que devinrent-ils dans les pays de droit écrit, dans les pays de coutume?

CHAPITRE PREMIER

DROIT CELTIQUE OU GAULOIS.

Les premières notions précises sur la Gaule barbare datent de la conquête de Jules César. C'est surtout, en effet, dans les Commentaires de César que nous pouvons puiser des lumières sur le droit des Gaulois. Nous en puisons aussi dans les lois galloises publiées, en 1730, par Wotton, et, en 1841, par les soins du gouvernement anglais, et enfin dans la très-ancienne coutume de Bretagne (1).

D'après les lois galloises, si nous en croyons César, le mari prend sur les biens de la femme, après estimation, une valeur égale à celle qu'il a reçue d'elle sous le nom de dot; cette valeur et la dot sont mises en commun, un état de la masse totale est fait conjointement entre époux et les fruits sont conservés; enfin, à la dissolution du mariage, le survivant des époux recueille et le capital mis en masse et les fruits de toutes les années qui ont précédé la dissolution.

Sur ces biens, ainsi mis en commun, le mari a un

(1) Laferrière, t. 2, p. 11 et suiv.

droit d'administration assez restreint, car le capital doit toujours rester le même, la dot doit être mise en réserve, pour produire des fruits pendant toute la durée de l'union conjugale; elle ne peut donc pas être aliénée, ou, si elle le peut, il y a nécessairement condition de remplacer les biens, double principe d'inaliénabilité ou de remploi (1).

Quant aux autres biens de la femme non apportés à la masse, nous ne saurions dire positivement quels sont les droits du mari, mais, à coup sûr, il ne peut avoir sur eux des droits plus étendus.

Au milieu de toutes ces obscurités, nous pouvons seulement reconnaître que la personnalité de la femme est moins, que dans la législation romaine, absorbée par celle du mari.

CHAPITRE II

PAYS DE DROIT ÉCRIT.

§ 1. — *Droit Gallo-Romain.*

L'action de la législation romaine sur le monde celtique fut bien différente dans le midi et le nord de la Gaule. Pendant que les provinces méridionales subissaient peu à peu l'influence romaine, la Gaule septentrionale était, à chaque instant, envahie par les peuplades de la Germanie, et le peu de traces qu'y avait

1) Laferrière, t. 2, p. 78.

laissé l'élément romain finit par disparaître bientôt devant l'influence germanique.

Dans le midi, au contraire, les barbares trouvèrent les traditions romaines substituées partout aux coutumes gauloises ; elles étaient devenues la loi du pays. Ils durent les respecter ; ils firent plus, ils les codifièrent.

C'est ainsi qu'au commencement du sixième siècle, la législation romaine fut représentée par des compilations faites par l'ordre des rois barbares, à l'usage des Romains de leur territoire. C'est, d'un côté, le *Breviarium* d'Alaric, qui fut une loi territoriale et devint même la loi des vainqueurs (an 506) ; de l'autre, le Papien bourguignon, publié peu d'années après le Code d'Alaric, mais qui ne fut que la loi des vaincus, les vainqueurs ayant conservé leurs coutumes germaniques rédigées sous le nom de loi Gombette.

Ce simple aperçu nous montre comment naquit cette grande division de notre ancienne France en pays de droit écrit et pays de coutume. Les premiers étaient plus particulièrement ceux qui se trouvaient dans le ressort des Parlements de Dauphiné, Languedoc, Provence et Guienne, auxquels il faut joindre quelques provinces du Parlement de Paris (Lyonnais, Foretz, Beaujolais, Mâconnais) et quelques pays de coutume qui avaient copié presque littéralement les dispositions du droit romain, relativement aux droits respectifs des époux (Auvergne, Marche). C'est dans ces pays que furent appliquées les lois dont nous avons parlé et qui n'étaient qu'une compilation du Code Théodosien, des Novelles et de quelques écrits des jurisconsultes Gaius, Paul,

Ulpien et Papinien. Les droits du mari n'étaient donc autres que ceux que nous avons exposés dans la première partie de notre travail, avant la réforme de Justinien : il nous suffira d'en rappeler ici les principales règles, d'après les Codes barbares.

Le mari doit toujours restituer les biens dotaux, dans les cas prévus par les anciens textes; dans d'autres hypothèses, il les garde, à la condition de ne pas convoler en secondes noces, auquel cas il n'en conserve que l'usufruit durant sa vie entière ; enfin, il les perd complètement dans le cas de divorce sans cause.

Quant aux biens paraphernaux, la femme en a seule l'administration et la jouissance ; le mari est considéré, à leur égard, comme un étranger.

Au sixième siècle, ces mêmes règles furent confirmées par les Formules de Sirmond ou *secundum legem romanam* et par le recueil de Mabillon ou Formules d'Angers. Sirmond (1) nous cite un exemple de mandat confié au mari : *Lex Romana exposcit ut quicumque uxoris suæ negotium fuerit prosecutus, quamvis maritus sit, nihil aliud agat nisi quod ei agendum per mandatum illa commiserit.*

D'après les *exceptiones Petri legum romanarum* (onzième siècle), la dot demeure destinée à subvenir aux besoins de la famille. Si elle consiste en immeubles non estimés, son aliénation est interdite, non pas seulement d'après la loi Julia, mais même avec le consentement de la femme, si elle ne l'a confirmé deux ans

(1) Sirmond, formule 29.

après, et avec récompense, dans tous les cas, sur les biens du mari.

Il n'en est pas de même des meubles et des immeubles estimés pour l'aliénation desquels le consentement de la femme n'est pas nécessaire.

Le mari gagne la dot, à moins de pacte contraire, sans distinction de la dot profectice et de l'adventice; mais, s'il y a des enfants, il n'en a que l'usufruit, sauf la virile, et, s'il se remarie, l'usufruit seul de la totalité.

D'après cet exposé, nous devons reconnaître, avec notre savant professeur M. Ginoulhiac, que les *Exceptiones Petri* ne contiennent pas toutes les modifications et toutes les règles du droit de Justinien relativement à la dot, au gain de la part du mari ou à ses privilèges. On ne peut guère supposer que l'auteur n'ait pas connu les dispositions contraires à ce qu'il disait : il faut donc conclure qu'elles n'étaient pas alors en vigueur dans son pays (1).

Avant de passer à l'étude de la jurisprudence des Parlements, nous devons dire un mot des Chartes des pays de droit écrit, qui nous sont d'un grand secours pour connaître le droit en vigueur à cette époque inexplorée de notre ancienne législation.

Dans les Chartes, la constitution de dot est faite par le père ou la mère de la fiancée, sous la condition que le mari jouira des biens dotaux, non-seulement pendant

_____

(1) V. M. Ginoulhiac (Hist. du rég. dotal et de la comm. en France, p. 126).

la durée du mariage, mais encore après sa dissolution, si elle arrive par la mort de la femme. Dans ce cas, il rend lui-même la dot, à son décès, à ses enfants et, à leur défaut, au donateur ou à ses plus proches parents. Si la femme survit, les biens dotaux lui sont restitués intégralement. Les Chartes du onzième et du douzième siècle ne présentent pas de différence à ce sujet. Parmi les anciens monuments qui nous restent de la législation de cette époque, M. Ginoulhiac rapporte une ordonnance de Jean I ou II, de 1350, donnée aux habitants de Villeneuve, près d'Avignon, pays de droit écrit. D'après cette ordonnance, le mari a le droit, s'il n'a pas d'enfants, de retenir la dot et d'en jouir toute sa vie ; quant à la femme survivante, el   écupère ses biens dotaux et gagne l'usufruit de sa donation *propter nuptias* (1).

§ 2. — JURISPRUDENCE DES PARLEMENTS.

Si maintenant nous portons nos regards sur la jurisprudence des pays de droit écrit, nous y retrouvons encore toute l'influence des lois de Justinien. Dans ces pays, en effet, les Romains étaient en plus grand nombre que partout ailleurs ; ils s'y trouvaient surtout moins exposés aux luttes et aux invasions continuelles des barbares. Toutefois, l'introduction de la loi féodale dans le Midi, quoiqu'on n'en suivit pas entièrement les principes, apporta quelques modifications au droit en

(1) V. M. Ginoulhiac, op. cit., page 132.

vigueur, malgré la persistance de la loi romaine comme loi générale des pays de droit écrit.

Une controverse s'était élevée sur la question de savoir si la femme, qui ne s'était constitué aucune dot, avait tous ses biens dotaux ou paraphernaux. Les coutumes d'Auvergne (tit. XIV, art. 8) et de la Marche (207) les déclaraient dotaux, tandis que la jurisprudence admettait l'opinion contraire. Quant aux auteurs, ils étaient divisés en deux camps, mais le plus grand nombre se prononçaient pour la paraphernalité : c'est l'opinion que Furgole a adoptée et que nous croyons, avec M. Ginoulhiac, la plus juridique et la plus conforme aux principes du droit romain (1).

A. *Droits du mari sur les biens dotaux.*

A côté du droit de propriété du mari, qu'il appelle une *subtilitas legum*, Justinien avait pour ainsi dire reconnu ce même droit à la femme, *ex jure naturali* (2). Cette quasi-reconnaissance ne tarda pas à passer dans notre législation, mais d'une façon plus catégorique, puisqu'elle fut bientôt consacrée par la jurisprudence de nos Parlements. A la femme seule appartient, dès lors, la propriété de la dot avec toutes ses prérogatives; le mari n'est plus que fictivement propriétaire, il n'a qu'un droit d'usufruit et d'administration : c'est ce que nous apprend Salviat (3), pour le Parlement de Bordeaux, et c'est aussi ce que nous trouvons dans l'art. 42, au titre des dots, de la coutume de cette ville. Il en est

(1) V. M. Ginoulhiac, op. cit., pages 138 et 139.
(2) Const. 30, C. De jure dotium.
(3) Salviat, Jurisp. de Bordeaux, éd. de 1787, p. 197.

de même pour le Parlement de Toulouse, où Despeisses nous dit que les créanciers du mari ne peuvent saisir les meubles de la femme, parce qu'elle en est seule propriétaire (1).

Par exception, le mari devient propriétaire absolu des biens dotaux estimés, à moins que les parties n'aient manifesté une opinion contraire (2). Nous devons en dire autant de l'immeuble donné en paiement de la dot ; le mari reste seulement débiteur de la somme dotale (3). Enfin, en ce qui concerne les acquêts de la femme, la fameuse loi Quintus Mutius reçoit encore son application : ils sont toujours présumés acquis des biens du mari, qui en a seul la propriété. La preuve contraire est néanmoins admise; elle peut résulter soit de ce que la femme les a acquis de ses biens propres, soit de ce qu'ils sont le produit de son commerce ou de son industrie; ils rentrent alors dans le patrimoine de la femme et sont dotaux ou paraphernaux, suivant qu'elle s'est ou non constitué tous ses biens en dot.

En dehors de ces cas exceptionnels, le mari, nous le répétons, n'a sur les biens dotaux qu'un simple droit d'administration et de jouissance : il serait logique d'en déduire que, s'il peut agir au possessoire, la présence de la femme doit être toujours indispensable pour le pétitoire, et c'est, en effet, ce que nous retrouvons

(1) Despeisses, éd. Guy du Rousseau de Lacombe, t. 1, lit. 15, sect. 2, n° 31. — Voir aussi Serres, Institutes de Droit français, p. 131.
(2) Catelan, IV, 31 et 32.
(3) Henrys, liv. IV, question 161.

dans quelques coutumes : « Et faut noter que le mary
» et non la femme peut vendiquer la chose dotale (l. *doce*
» *ancillam. C. de rei vind.*). Mais aujourd'hui, on observe
» le contraire et faut que tous deux y interviennent, le
» mary pour le regard de l'usufruit, et la femme à
» cause de sa propriété. » (1). Nous en trouvons aussi
la preuve dans la coutume *de Sole* VIII, 1 : « Lo marit,
» per sa molher, es recebut a comparir en jugement
» sens procuration, si non es contredit per sa molher. »

Mais cette jurisprudence n'est pas universellement
suivie. Dans les pays de droit écrit pur, le mari peut
poursuivre les détenteurs des biens dotaux ; au pétitoire
comme au possessoire, il a le pouvoir d'agir seul et
sans le concours de sa femme : c'est là un souvenir du
Droit romain.

Les principes de l'inaliénabilité, qui étaient en vigueur
sous Justinien, sont appliqués par tous les Parlements
des provinces de droit écrit : la dot est donc inaliénable,
même avec le consentement de la femme (2). Cette règle
n'est pas cependant universellement pratiquée, et, sous
un grand nombre de coutumes, l'aliénation reste permise, pourvu que la femme y consente, en présence
de ses parents, ou fasse suivre son adhésion d'un serment solennel (3). De plus, en 1664, une déclaration
de Louis XIV abroge la loi Julia dans le Lyonnais, le

(1) Masuer, Practique, XIV, § 22.
(2) Catelan, V. chap. VII.
(3) Cout. de Montpellier, ar. 11. — Anc. Cout. de Bordeaux,
art. 111. — Statuts de Salon, en Provence (Ch. Giraud, Hist. du
Dr. fr., II, p. 251).

Foretz, le Beaujolais et le Mâconnais; mais cette déclaration, qui se fonde sur les besoins du commerce, est
restreinte aux pays pour lesquels elle est faite : Bretonnier l'attribue à l'influence d'un receveur général
de Lyon qui voulait obtenir plus de garanties de ses
sous-fermiers (1).

Dans les pays où, suivant le principe général, la
nullité de l'aliénation résulte de la prohibition absolue
de la loi, même avec le consentement de la femme,
cette nullité peut d'abord être invoquée par le mari,
quand même il ait, en déclarant la nature du fonds
dotal, promis de garantir l'aliénation, sans qu'il soit
tenu à autre chose qu'au remboursement du prix (2).
La femme et les enfants ont le même droit. Remarquons
toutefois que, relativement au mari, la vente peut devenir irrévocable, ce qui arrive dans les provinces où le
mari survivant gagne tout ou partie de la dot.

Comme conséquence de l'inaliénabilité, les fonds dotaux sont imprescriptibles : il n'en est pas ainsi des
créances dotales que le débiteur peut prescrire, pendant
le mariage, sauf le recours de la femme contre son
mari : « Il n'y a, en effet, que l'aliénation du fonds
» dotal, dit Serres, qui soit défendue par la loi; il
» s'ensuit que le mari est maître absolu des sommes,
» actions et hypothèques dotales et qu'il peut les aliéner
» comme il le trouve à propos. » (3). Nous trouvons en

(1) Henrys, t. 2, page 191.
(2) Serres, Inst. de Dr. fr., l. II, t. 8. — Catelan, V. chap. VII
et XLVII.
(3) Serres, op. cit. page 193.

6

ce sens plusieurs arrêts du Parlement de Toulouse (1), mais ce n'est point là la jurisprudence unanime de tous nos Parlements. Trois déclarations du Parlement de Bordeaux proclament, en effet, que l'inaliénabilité de la dot ne doit pas être restreinte aux immeubles et un grand nombre d'arrêts portent qu'il est également défendu d'aliéner les meubles (2). Henrys, qui avait d'abord pensé que la dot mobilière était aliénable, rapporte ensuite un arrêt de Parlement, du 16 mars 1657, qui déclare que tous les biens constitués en dot ne sont sujets ni aux dettes, ni aux hypothèques contractées pendant le mariage (3). Enfin, Brodeau sur Louet (4) confirme cette donnée qui, d'après Dupérier (5) ne faisait aucun doute en Provence.

Les règles de restitution sont les mêmes que celles posées par Justinien. La dot immobilière doit être restituée par le mari ou ses héritiers aussitôt après la dissolution de l'union conjugale; pour la dot mobilière, il y a un terme d'un an pendant lequel la femme a droit à des aliments et à l'habitation, aux frais de la succession du mari. La restitution des biens dotaux n'a pas cependant toujours lieu : le mari peut les retenir, en tout ou partie, jusqu'au remboursement des dépenses par lui faites pour le compte de la femme, pourvu que

(1) 4 juin 1701; 11 août 1705 et 4 avril 1707.
(2) Teissier, de la dot., page 290.
(3) Henrys, tome 2, page 777.
(4) Brodeau sur Louet (D. chap. XII).
(5) Dupérier, liv. 1, quest. 3. — Voir aussi d'Olive, liv. III, chap. 20, et Roussilhe, 1, p. 435.

ces dépenses soient considérées comme nécessaires et
qu'il y ait autorisation de justice (1). Le mari peut aussi
gagner la dot, soit en vertu de stipulations expresses,
soit par le bénéfice de certaines coutumes ou de quelques
statuts qui nous paraissent avoir conservé, en cette
partie, les restes de l'ancienne législation romaine dans
la Gaule. Ainsi, permettaient au mari de garder la dot
de sa femme prédécédée, les coutumes de Bordeaux
(IV, 42), d'Agen (11), de Montpellier (118) et de Toulouse (*De dot.*, 2). — Les coutumes locales d'Auvergne
lui en attribuaient la moitié (2). Enfin, à Montauban et
à Cahors, le mari gagnait encore une partie de la dot;
la législation romaine y était admise sans de grandes
modifications (3).

B. *Droits du mari sur les paraphernaux.*

Si le mari a des droits sur les fruits et l'administration de la dot, il n'en a aucun sur les biens paraphernaux. La femme en est maîtresse souveraine; elle peut
les administrer, les donner, les vendre à son gré et n'a
nul besoin de l'autorisation ni du consentement de son
mari. Masuer nous dit, en effet, « qu'une femme dotale
» agissant pour ses biens dotaux, sans l'authorité de
» son mary ou du juge, le défendeur peut exciper d'au-
» tant qu'elle est tenue, en ce cas, estre en la puis-
» sance de son mary. Tout le contraire serait s'il estait
» question des biens paraphernaux et adventifs pour

(1) Roussilhe, tome 1, nº 551.
(2) Voir Catelan, t. II, 2, et IV, 29. — Argou, Inst. au Dr. fr., I,
chap. IV.
(3) Roussilhe, tome 2, nº 589.

» lesquels la femme peut estre seule en jugement, sans
» l'autorité de son dict mary. » (1) Et Furgole ajoute
à propos de ces mêmes biens : « Lo mary ne peut s'en
» mêler qu'autant que sa femme le lui permet, étant la
» maîtresse de lui en accorder l'administration et de
» la lui ôter quand bon lui semble. »

Le mari ainsi chargé de l'administration des para-
phérnaux de la femme n'est qu'un simple mandataire,
Ce mandat peut être tacite, mais, dans tous les cas, le
mari administrateur n'est pas comptable des revenus :
il est présumé les avoir appliqués à l'usage commun (2).

CHAPITRE III

DROIT GERMANIQUE.

Avant d'arriver à l'examen du droit coutumier, nous
croyons devoir remonter à ses sources, c'est-à-dire aux
lois germaniques. Nous voudrions bien nous appesantir
sur l'étude de ces lois, mais le cadre restreint de notre
sujet nous force à être sobre de détails, quelque inté-
ressants qu'ils puissent être.

Chez les Germains, la femme est en tutelle perpé-
tuelle : elle est indéfiniment soumise au *mundium* qui
appartient, en premier lieu, à son père, puis à ses pa-

(1) Masuer, Practique, sur la coutume d'Auvergne (XIV, 9).
(2) Bretonnier, Dict. v° Paraphernaux. — Catelan, IV, 22, et
V, 68. — Cambolas, livre II, chap. 18. — Lapeyrière, lettre D,
n° 122. — Guy Pape, quest. 498. — Larroche-Flavin, arrêt du
Parl. de Toulouse, du 19 avril 1705.

rents paternels ; mariée, elle passe sous le *mundium* de son mari; veuve, sous celui des héritiers de ce dernier et même de son fils.

En vertu du *mundium*, le mari a la jouissance, l'administration et quelquefois même la libre disposition de tous les biens de la femme : *Jubemus ut maritus ipse, facultate ipsius mulieris, sicut in eam habet potestatem, ita et de rebus suis habeat* (1).

Ces biens sont ceux qu'elle a apportés lors de son mariage ou qui lui sont advenus depuis. Les premiers, qui sont appelés *faderfium* (*vaders fels*, troupeau du père), comprenaient tout d'abord des objets mobiliers, des troupeaux et des armes. Le mari en a, pendant le mariage, l'administration et la libre disposition, comme de ses propres biens; si le mariage est dissous par la mort de la femme, il a sur eux un droit de succession. La loi Lombarde dit, en effet : *Si autem contigerit illam mori quæ jam nuptui tradita est, tunc ille ei succedat qui eam per mundium suam fecit. Le mundium* était donc indispensable au mari pour pouvoir succéder, car *et ideò perdat maritus res mulieris, quod mundium de ei facere neglexerit.*

Le mari qui répudie ou qui tue injustement sa femme perd le *mundium* et se trouve condamné à restituer, à elle ou à ses enfants, ce qu'elle a apporté, son *faderfium.*

Les droits du mari sur cet apport changent, lorsqu'il ne consiste pas seulement en meubles. Bientôt, en effet,

(1) *Lex Barg.* add. L, tit. XIII.

le père de la femme, suivant un usage qui s'introduisit peu à peu, donne des fonds de terre à sa fille, lui délivrant ainsi par avancement d'hoirie, comme nous dirions dans notre langage moderne, la part d'ailleurs assez faible qui doit lui revenir dans sa succession réservée aux mâles, à l'exclusion de tous autres enfants.

Le principe de la conservation des immeubles dans les familles commence alors à poindre dans la législation : on prescrit certaines mesures protectrices pour leur aliénation, et ces mesures sont appliquées, nonseulement aux biens qui forment l'apport de la femme, mais encore à ceux qu'elle peut recueillir, durant le mariage, par succession, donation ou autrement.

Sous la loi salique, comme sous la loi lombarde, la vente des immeubles de la femme, de même que leur donation, n'est permise au mari qu'avec le consentement de cette dernière ; la présence de deux ou trois de ses parents est même exigée contre elle et contre le mari. Il s'ensuit que les droits de celui-ci sur les immeubles de la femme se réduisent, pendant le mariage, à une simple administration ; mais, à la dissolution, la loi lombarde lui accorde sur eux, comme sur les meubles, un droit de succession, sans condition aucune : la loi allemande exige, au contraire, la naissance d'un enfant.

Outre les biens qu'elle apporte en se mariant, la femme possède encore ceux qu'elle a reçus de son conjoint et qui peuvent être de trois sortes ; en examinant successivement chacune d'elles, nous verrons, par là même, dans quelle mesure elles tombent sous les pouvoirs du mari.

I. *Dos* ou *nuptiale pretium*. — Chez les Germains, comme chez tous les peuples primitifs, le mariage commença par le rapt auquel succéda l'achat de la mariée : c'est ce que l'on voit dans la loi des Saxons. Dans d'autres lois plus avancées, la civilisation fit un pas : ce fut le *mundium* ou droit de garde, que le mari acheta aux parents de la femme : nous rencontrons ce prix dans presque toutes les coutumes germaniques, mais sous des dénominations diverses, dans la loi des Anglo-Saxons et dans celles des Burgundes, des Frisons, des Lombards et des Visigoths.

Cette coutume barbare reçut de nouvelles modifications, jusqu'à ce que l'ancien prix d'achat qui était d'abord remis aux parents soit en totalité, soit en partie, fut enfin remis en entier à la femme elle-même et devint une libéralité nuptiale.

Quels étaient les droits du mari sur les biens formant l'objet de cet ancien *pretium nuptiale?* Un mot suffira, il n'en avait que l'administration. Quant à la femme, elle ne pouvait pas plus en disposer que de ses autres biens.

II. *Morgengabe*, ou *don matutinal*. — Le *morgengabe*, d'origine orientale, était une donation faite par le mari, le lendemain de la nuit nuptiale : c'est le don du matin, le prix de la virginité, *defloratæ virginitalis præmium*. Cette donation consistait, le plus souvent, en un gain de survie portant sur une quotité de biens présents et à venir : elle se confondit avec la *dos* dans l'institution du douaire qui reproduisit quelques-unes de ses règles que nous étudierons avec lui.

III. *Douaire.* — Le douaire est une donation faite avant le mariage par le mari, et assurant à la femme, en cas de survie, une part soit en propriété, soit en usufruit, des biens propres de son conjoint. Cette donation n'était pas acquise à la femme dès l'instant de la bénédiction nuptiale; il était, en effet, de principe *qu'au coucher femme gagnait son douaire* (1).

Nous n'insisterons pas sur cette institution que nous retrouverons dans notre droit coutumier. Bornons-nous à dire ici qu'à dater du mariage, les biens compris dans le douaire étaient et demeuraient indisponibles entre les mains des époux.

La femme, outre les libéralités dont nous venons de parler, avait certains droits sur les acquêts. C'était là un commencement de communauté que nous trouvons même dans la loi des Francs Ripuaires (2), chez les Bavarois (3), chez les Saxons (4) et dans les formules de Marculfe (5). Ces diverses lois ne réglaient cependant les droits de l'épouse que dans le seul cas de survie, d'où l'on pourrait conclure, ce semble, que les acquêts devaient être la propriété exclusive du mari, pendant le mariage, et même après la dissolution, si elle arrivait par la mort de la femme.

Mais M. Ginoulhiac (6) fait remarquer, avec juste rai-

---

(1) Loysel, liv. 1, tit. III, règle 5.
(2) *Lex Ripa.*, tit. 37, § 2, de dot. mulier.
(3) *Lex Baj.*, tit. 11, § 9.
(4) *Lex Sax.*, tit. 9.
(5) Formules 2, 7 et 17, livre II.
(6) V. M. Ginoulhiac, op. cit. page 221.

son, que les formules de Marculfe supposent que la propriété en était acquise à la femme pendant la durée du mariage, puisqu'elles en règlent la donation de sa part au mari, dans le cas de survie de ce dernier, ce qui exclut formellement le droit absolu de propriété du mari.

CHAPITRE IV

DROIT COUTUMIER.

Il nous reste à examiner quels étaient les pouvoirs du mari d'après les Coutumes de France qui se sont formées des différents éléments que nous avons vus s'établir sur notre sol : ce sera l'objet de notre dernier chapitre. Nous le diviserons en deux paragraphes ; dans le premier, nous étudierons l'époque antérieure à la rédaction officielle des coutumes ; nous verrons celle qui lui est postérieure dans le second.

§ 1. — ÉPOQUE ANTÉRIEURE A LA RÉDACTION OFFICIELLE DES COUTUMES.

Dans le droit coutumier, le mariage émancipe, non pas cependant en ce sens que la femme mariée soit libre de toute puissance, mais, émancipée de celle du père, elle passe sous la puissance de son mari : « Femme » mariée en pays coutumier, dit en effet un de nos » anciens jurisconsultes, ne peut estre en *garde* ou ad-

» ministration d'autre que de son mari (1). » *Le mari est mainburnissières* de sa femme, ajoute Beaumanoir (2); il est *bail* ou *gardien* de sa femme, déclarent les anciennes coutumes (3), et ces mots de *mainburnissières*, *mainbour*, *bail*, *baillistre*, *gardien*, se retrouvent souvent dans les auteurs.

Quels sont donc les effets de cette puissance maritale, par rapport à notre sujet, et, tout d'abord, quelle en est l'origine ? Est-elle sortie du régime féodal, ou bien n'est-ce que la continuation d'une institution plus ancienne qu'il n'a pu détruire ? M. Ginoulhiac (4) répond de la manière suivante à cette question: « Le mari, dit-il
» dans son remarquable ouvrage, est *mainbour* de sa
» femme, et le mot de *mainbournie* dérive évidemment
» de l'ancien *mundium* ou *mundeburnium* : voilà son
» origine. C'est l'élément germanique, principe impéris-
» sable, toujours le même, que nous allons retrouver
» dans le droit coutumier et dans toutes les coutumes
» de France, avec le même caractère et les mêmes
» effets. Mais le mari est appelé aussi, et le plus sou-
» vent, *bail*, ce qui nous démontre l'intervention du ré-
» gime féodal dans la tutelle ancienne qu'il modifie par
» rapport à la femme, comme pour le pupille, mais qu'il
» consacre sous un nom nouveau. »

Les droits qui appartiennent au mari sur le patrimoine de la femme sont la conséquence du pouvoir qu'il a sur

(1) Desmares, décisions, 290.
(2) Beaumanoir, ch. XXI, § 2, p. 303.
(3) Loysel, liv. 1, tit. IV, n° 3.
(4) M. Ginoulhiac, op. cit. page 290.

sa personne, mais ils ne sont point régis par les mêmes principes. Les effets de la puissance maritale sur la personne de la femme sont, en effet, les mêmes pour les nobles et les roturiers, tandis qu'il en est tout autrement en ce qui concerne les biens. Les nobles et les roturiers ne sont pas soumis au même régime d'association conjugale : de là, pour nous, la nécessité d'examiner séparément chacun de ces deux régimes.

I. *Régime des époux nobles.* — Une femme noble possède des biens nobles : quels seront les pouvoirs du mari sur ces biens? Pas de difficulté sur ce point ; nos anciens coutumiers et les coutumes répondent : *le mari est bail de sa femme.*

Cette institution a une origine féodale. Quand les fiefs devinrent héréditaires, ils purent tomber dans les mains d'un mineur incapable de rendre le service militaire qui s'y trouvait attaché. Dans ce cas, le seigneur suzerain prenait la garde, le *bail* de la personne du mineur et du fief, se chargeant ainsi de l'éducation de son jeune vassal et de l'administration de ses biens, jusqu'à sa majorité, et, si c'était une fille, jusqu'au moment où il pourrait lui choisir lui-même un époux.

Le mari, en sa qualité de *bail*, acquiert de plein droit la puissance sur les biens de la femme. « Comme donc, dit Loyseau, les maris ont puissance sur leurs personnes, aussi l'ont-ils à plus forte raison sur leurs biens. » (1).

Le *bail* confère au mari l'administration des fiefs (or-

(1) Loyseau du déguerpissement, n° 7.

donnance de Louis IX, de 1246) et la propriété des
meubles et des acquêts de la femme : « Tuit li meuble
sunt à l'ome , le mariage durant. » (1). Il en est de même
des fruits et des *cateulx* qui n'étaient autre chose que
les fruits non encore détachés du sol, mais arrivés à un
certain point de maturité, ou même certaines constructions rurales : ces biens tenaient le milieu entre les
meubles et les immeubles. Les anciennes coutumes les
rangeaient parmi les choses mobilières; les nouvelles,
au contraire, les déclaraient immeubles par application
des principes du droit romain.

Le mari *baillistre* prend, en outre, le titre des sei-
gneuries de sa femme et reçoit les vassaux en foi et
hommage ; il jouit, en un mot, de tous les droits et
privilèges honorifiques attachés aux fiefs et exerce toutes
les prérogatives et tous les pouvoirs de seigneur (2).

Revenons au douaire que nous avons vu dans le
droit germanique et qui, dans le droit des coutumes,
vint former le contre-poids de la puissance exorbitante
du mari, et dédommager la femme de tout ce qu'il
pouvait y avoir de trop absolu dans cette puissance.

On distinguait deux sortes de douaires : le *douaire
coutumier* et le *douaire préfix* ou *conventionnel*. Le premier consistait en l'usufruit, au profit de la femme
survivante, du tiers de tous les biens possédés par le
mari au jour de la célébration du mariage ou acquis par

(1) Beaumanoir (coutume de Beauvoisis, XXX, 99).
(2) Loyseau (des offices, liv. V, ch. II, n° 28, 29 et 31).

lui, depuis lors, à titre de succession (1). Le *douaire préfix* ou *conventionnel*, que l'on instituait devant la porte des églises, devait être proportionné à la fortune du mari; on le définissait : *Quod liber homo dat sponsæ suæ ad ostium ecclesiæ propter nuptias futuras et onus matrimonii et educationem liberorum cùm fuerint procreati, si vir præmoriatur.*

Pendant le mariage, le mari ne pouvait pas aliéner les biens sur lesquels était constitué le douaire. Dans trois cas seulement, la femme n'avait pas le droit de réclamer contre l'aliénation : c'était lorsqu'elle y avait renoncé, en recevant compensation sur d'autres biens; lorsqu'elle avait renoncé avec serment, car elle pouvait être alors traduite en cour d'église, excommuniée et, par suite, privée de son douaire; enfin quand elle avait renoncé au bénéfice de Sénatusconsulte Velléien (2). Une quatrième espèce de renonciation avait lieu aussi par contrat de mariage, mais on disputait beaucoup sur sa validité.

II. *Régime des époux roturiers.* Le régime des époux roturiers est emprunté au droit germanique. Le mari n'est pas ici *bail* ou *baillistre* de sa femme : il en est le *mainbour* ou *mainburnissières.*

La *mainbournie*, dont nous aurons maintenant à appliquer les règles, est la puissance paternelle devenue puissance maritale; elle comprend le pouvoir sur la

(1) Le douaire coutumier n'appartint d'abord qu'à la femme noble; l'ordonnance de Philippe-Auguste, de 1214, l'étendit aux femmes roturières et en fixa la quotité à la moitié des biens du mari.

(2) Bouteiller, som. rur. I, tit. 47, p.

personne et le pouvoir sur les biens : « Si tost comme
» mariage est fez, li bien de l'un et de l'autre sont
» quemuns, par la vertu du mariage, et li hons en est
» mainbouraissières. »

La femme apporte toujours, en se mariant, quelque
chose de plus ou de moins de valeur, en meubles ou en
immeubles : c'est le *faderfium* du droit germanique,
que l'on appelle *maritagium*, dans le latin du moyen-
âge, et *mariage*, *mariage avenant*, dans nos anciens
coutumiers.

Comme *mainbour*, le mari a la jouissance et l'administration des immeubles de la femme : ses droits ne vont
pas au-delà. « Le mary est maître de la possession et
» de la jouissance des propres de sa femme et non de
» la propriété d'iceux. » (1). Il en résulte qu'il peut bien
intenter seul les actions possessoires, mais non les
actions pétitoires qui supposent la propriété ; il en
résulte encore que toute aliénation, sans le concours
de la femme, lui est interdite. « Homo garantira sa
» vie ce qu'il vendra de l'héritage sa feme, sans l'otroi
» sa feme, et se il muert ou se la feme muert, la vente
» ne vaut rien (2). » C'est aussi le principe de Beaumanoir : « Mais voirs est que li treffons d'iretage qui
» est de par la feme ne pot li maris vendre, se ce n'est
» de l'otrei et de la volonté de sa feme. » (3).

Si l'aliénation d'un immeuble est consentie par la

(1) Loysel. liv. 1. tit. 2. règ. 16.
(2) Livre de Justice et de plet, page 170.
(3) Beaumanoir. ch. 21. § 2. t. 1. page 303.

femme, il n'y a pas lieu au remploi du prix qui suit alors la condition des autres meubles (1).

Quant à ceux-ci, le mari, en sa qualité de *mainbur-nissières*, en a de plein droit la saisine, il en est réputé seigneur et maitre et peut désormais exercer sur eux les droits d'un véritable propriétaire. Sa liberté, par rapport à ces biens, est en effet absolue et sans restriction aucune : il a la faculté de les aliéner soit à titre gratuit, soit à titre onéreux et de les grever de legs; il peut *les boire et les manger* (2) et ne les oblige pas seulement par ses contrats et ses dettes antérieures au mariage, mais encore par ses délits, *non solùm in con-trahendo, sed etiam in delinquendo* : c'est, en un mot, suivant l'expression de nos anciens auteurs, un vérita-ble droit de confiscation que l'on consacre à son profit (3).

A la dissolution de l'union conjugale, le mari ne gagne pas cependant tous les meubles, il n'a le droit que d'en retenir la moitié (4), ce qui le distingue du mari noble qui garde toujours pour lui la totalité de cette espèce de biens. Mais pourquoi cette différence entre nobles et roturiers ? Sur ce point, écoutons encore M. Ginoulhiac : « La mainbournie n'est que l'applica-tion des règles de l'ancien *mundium* marital. Or, le mari *mundicald* ne gagnait pas tous les biens de la femme, mais partageait avec celle-ci ou ses enfants la

(1) Loysel, op. cit. règle 11.
(2) Assises de la Cour des Bourgeois, ch. CLXII.
(3) D'Argentré (Bretagne, art. 121 et 125; Troyes, 131, et Meaux, 203). — Ordonnance de Philippe-le-Bel, de 1310.
(4) Établiss. de St-Louis, chap. 139.

masse des biens confondus entre ses mains, une portion leur étant attribuée par la loi ; mais le régime féodal créant le mari *bail* de sa femme, avec tous les droits et toutes les charges attachés à cette fonction, modifia en ceci la *mainbournie* ou l'ancien *mundium* (1). »

De la confusion absolue des meubles des deux époux, par l'effet de la *mainbournie*, naquit la communauté, mais cette communauté ne fut pas admise partout de la même manière : parmi les coutumes qui la repoussaient, celle de Normandie se fait surtout remarquer par des dispositions particulières que nous ne pouvons passer sous silence. Sous le régime normand en vigueur au treizième siècle, tous les biens de la femme sont, en effet, réputés dotaux ; le mari en a la saisine et peut disposer des objets mobiliers comme des siens propres. Un simple pouvoir de jouissance et d'administration lui est, au contraire, conféré sur les immeubles : l'aliénation qu'il en fait, même avec le concours de la femme, peut être annulée, dans l'année qui suit la dissolution du mariage, sur la demande de cette dernière (2), car on suppose que son consentement n'a pas été libre, ce qui aboutit à faire considérer son adhésion à l'acte comme de nulle valeur.

D'après le Grand Coutumier de Normandie, le mari gagne d'abord les meubles apportés par la femme ou acquis pendant le mariage ; il devient aussi propriétaire de la moitié des acquêts faits en *bourgage*,

---

(1) V. M. Ginoulhiac, op. cit. page 302.

(2) La femme avait, à cet effet, une action que l'on désignait sous le nom de *bref de mariage encombré*.

c'est-à-dire sur le territoire des villes et des bourgs, s'il y a des enfants ; à défaut d'enfants ou si les acquêts ont été faits hors *bourgage*, il les gagne tous. Enfin, en ce qui concerne l'apport immobilier de la femme, une ordonnance de Philippe-Auguste, donnée au Pont-de-l'Arche, en 1219 (1), décide qu'il doit retourner à ses parents lorsqu'elle ne laisse pas d'héritiers. La coutume accorde cependant au mari, sur cet apport, un droit spécial connu sous le nom de *droit de riduité*, à la condition d'avoir eu, pendant le mariage, un enfant né viable. Ce droit, qui consiste en l'usufruit de tous les biens propres laissés par la femme à son décès, est réduit au tiers de ce même usufruit, lorsque le mari vient à convoler en secondes noces.

§ 2. — Droits du mari après la rédaction des coutumes.

La rédaction officielle des coutumes n'a commencé que dans la seconde moitié du quinzième siècle. Au mois d'avril 1453, à Montil-lez-Tours, Charles VII ordonne :
« ...... Que les coustumes, usages et stiles de tous les
» pays de notre royaume soyent rédigez et mis en es-
» cript, accordés par les coustumiers, praticiens et gens
» de chascun état...... »
Cette ordonnance reçut son exécution sous ses successeurs, sous Charles VIII, Louis XII, François I⁰⁰;

(1) Ordonnances du Louvre, de Delaurière, t. 1, p. 38.

7

les coutumes revêtues de la sanction du législateur devinrent des lois écrites.

L'influence de la législation romaine commença
alors à s'étendre et à se faire sentir sur l'esprit du droit
coutumier. On conserva les principaux effets de la puissance maritale, mais on la restreignit beaucoup par
l'application des principes de la société aux droits de
participation de la femme; de là la communauté entre
époux, dont nous avons déjà parlé et que nous trouvons
maintenant non-seulement chez les gens de main-morte,
les roturiers, les vilains, mais aussi chez les nobles.
Cette communauté ne constituait pas une société actuelle, mais une société future : *non est proprié socia*,
disait en effet Dumoulin, à propos de la femme, *sed
speratur fore* (1).

Ce principe une fois posé, le mari n'a plus qu'un droit
d'administration légale sur les acquêts ; il n'a plus le
pouvoir d'en disposer à son avantage et au préjudice
de la femme ; il ne peut plus tester que de sa part.

Quant à la confiscation par le fait du mari, elle n'est
plus possible. Dumoulin fit prévaloir cette règle dans la
jurisprudence en s'appuyant sur ce que, la société étant
dissoute par la mort civile, les droits de l'époux comme
administrateur finissent avec elle, tandis que ceux de la
femme commencent à ce moment ; il s'ensuit que l'on ne
peut confisquer que la part du mari, c'est-à-dire la moitié (2). La réciprocité n'existe point dans le cas où, par

(1) Dumoulin (coutume de Paris, art. 37, Glose 1, n° 2).
(2) Lebrun, livre II, chap. II, sect. 3 et suiv.

exemple, la femme vient de commettre un crime ; on ne peut alors rien confisquer, et le tout est adjugé au mari qui conserve, de cette façon, ses droits à la totalité des biens communs. La femme est censée, en effet, n'avoir jamais rien eu, puisque ses droits ne prennent naissance qu'à la dissolution du mariage et ne peuvent, par conséquent, avoir existé avant sa mort.

Malgré les progrès incontestables que le droit romain fit, à cette époque, dans les pays de coutume, certaines contrées n'en conservèrent pas moins une législation bien distincte de celle qui formait alors le droit commun du nord de la France. C'est ainsi que, d'après la coutume de Rheims, qui fut rédigée en 1481 et révisée en 1507 et en 1525, le mari a un pouvoir absolu sur les biens de la femme et conserve, sinon vis-à-vis de ses héritiers, du moins vis-à-vis d'elle-même, la totalité des acquêts.

En Normandie, la communauté est encore formellement exclue par la coutume (art. 332), mais, vers le dix-septième siècle, nous trouvons le régime matrimonial normand beaucoup plus compliqué qu'il ne l'avait été tout d'abord, et cela à cause des nombreux emprunts que l'on fit, à dater du treizième siècle, aux régimes des pays voisins. Sous la nouvelle coutume, le mari est administrateur et usufruitier des immeubles de la femme ; il gagne tous les meubles qu'elle a acquis durant la vie commune, et conserve l'usufruit de tous les acquêts immobiliers, alors même que la femme en reste propriétaire. Le douaire porte toujours sur le tiers des biens que le mari possédait au jour du mariage : les

biens qui le constituent sont et demeurent, comme par
le passé, absolument indisponibles entre les mains des
époux ; mais ils ne sont plus les seuls qui soient
ainsi placés, en quelque sorte, hors du commerce.
Il en est, en effet, de même des biens de la femme sur
lesquels se trouve établi ce qu'on appelle le *tiers coutumier* (1). A l'exemple du douaire, le tiers coutumier ne
peut, d'aucune façon, être aliéné par le mari, et n'est
même pas susceptible d'hypothèque.

En revanche, le mari conserve le *droit de réduité*,
et a, de plus, le *don mobile*, c'est-à-dire le droit de
prendre la moitié des meubles et le tiers des immeubles
de la femme (2).

(1) Le tiers coutumier est plus étendu que le douaire, car il comprend tous les biens acquis pendant le mariage, à quelque titre
que ce soit.

(2) Ce droit exorbitant ne peut résulter que de la convention ;
c'est, du moins, ce qu'on trouve implicitement renfermé dans
l'art. 390 de la coutume de Normandie.

TROISIÈME PARTIE

LÉGISLATION MODERNE

Le législateur français a formulé plusieurs séries de principes que les époux peuvent, à leur choix, accepter comme règlement de leurs intérêts pécuniaires. Chaque série de règles prend le nom de *régime*. On en compte quatre : le régime de communauté, le régime exclusif de communauté, le régime de séparation de biens et le régime dotal. Nous allons exposer les caractères de ces divers régimes, par rapport à notre sujet, et étudier les droits du mari sous chacun d'eux.

CHAPITRE PREMIER

RÉGIME DE LA COMMUNAUTÉ LÉGALE ET CONVENTIONNELLE.

Avant de parler des droits du mari sur les biens de la femme, il nous paraît logique de dire quelques mots des biens qui appartiennent à cette dernière.

De plus, comme nous n'avons à examiner ici que les droits du mari sur les biens de la femme, nous croyons devoir laisser de côté tout ce qui a trait aux droits du mari sur les objets qui sont entrés en communauté, du chef de la femme, puisqu'ils sont biens de communauté et ont, par suite, cessé de lui appartenir personnellement.

Nous nous bornerons donc à énumérer les éléments qui peuvent entrer dans la fortune propre mobilière ou immobilière de la femme, soit sous la communauté légale, soit sous la communauté conventionnelle, réservant à une deuxième section l'étude des droits du mari sur les propres mobiliers ou immobiliers que nous aurons reconnus.

SECTION PREMIÈRE

Biens propres de la femme.

I. — *Communauté légale.*

§ 1er — *Meubles.* En principe, toute la fortune mobilière des époux, aussi bien celle qu'ils possèdent au jour de la célébration du mariage que celle qui leur échoit par la suite, entre dans la communauté légale et passe ainsi dans le fonds commun. C'est la règle générale ; mais, si large qu'elle soit, elle n'est cependant pas absolue. Certains biens mobiliers résistent, en effet, par leur nature, à cette conséquence du mariage : ils sont si intimement liés à la personne de la femme, en l'espèce qui nous occupe, que rien ne peut les en séparer et qu'ils ne souffrent même pas cette demi-aliénation qui résulte de la mise en communauté.

Ces objets qui forment une première catégorie de propres mobiliers sont, par exemple, les portraits de famille : d'après l'avis de Pothier lui-même, ils ne sont pas « des choses qui soient censées faire partie d'une communauté de biens. » (1).

Il faut en dire autant des linges et hardes à l'usage de la femme : ils lui restent propres, si bien que l'article 1402, C. c., lui en accorde la reprise, même lorsqu'elle renonce à la communauté, c'est-à-dire au cas où, en renonçant, elle perd tout droit au mobilier qui y est entré de son chef.

Un doute s'est élevé à propos des œuvres littéraires ou artistiques à raison du lien qui existe entre elles et leur auteur et qui est bien plus intime que celui qui nous unit, d'ordinaire, aux autres objets de notre patrimoine. Quoiqu'il en soit, le législateur, qui, nous le reconnaissons, n'a pas tenu suffisamment compte du caractère éminemment personnel de la propriété littéraire, n'a fait du droit des auteurs qu'un simple droit mobilier,

(1) Pothier, de la Communauté, n° 682.

transmissible ; dès lors, tous les meubles tombant dans l'actif commun, sauf exception, et aucune exception n'existant quant aux œuvres littéraires ou artistiques, ces œuvres doivent nécessairement tomber en communauté.

D'autres meubles demeurent propres à la femme, parce que, postérieurement au mariage, ils sont entrés dans son patrimoine à cette condition. Il en est ainsi des objets qui lui ont été donnés ou légués sous la clause expresse qu'ils n'entreront point dans l'actif commun (art. 1401, 1°). Un donateur doit, en effet, être libre de limiter le bénéfice de sa libéralité à la personne qu'il affectionne et, pourvu que les conditions qu'il impose ne soient pas contraires aux lois ni aux bonnes mœurs, sa volonté doit être ponctuellement suivie. La limitation qui se trouve, d'ailleurs, dans notre hypothèse, n'enlève rien à la communauté, puisque le donateur pouvait ne pas donner : elle lui profite même, dans une certaine mesure et à un certain point de vue, car le donateur n'aurait peut-être pas fait une donation qui aurait dû nécessairement profiter aux deux époux, et la communauté y aurait perdu le droit d'usufruit sur les objets donnés.

Dans cette même classe de meubles propres, nous pouvons faire rentrer, par assimilation, les traitements, dotations, pensions ou rentes que la loi déclare incessibles et insaisissables et qui sont, par exemple, les pensions de retraite, les pensions ou rentes constituées à titre d'aliments et les rentes viagères de la caisse des retraites pour la vieillesse ; bien que ces dernières ne soient incessibles et insaisissables que jusqu'à concurrence de 300 francs, elles sont cependant propres pour le tout (1).

Une troisième catégorie comprend les objets mobiliers qui sont des produits détachés d'immeubles propres, sans cependant avoir le caractère de fruits ; ils demeurent propres comme les immeubles mêmes d'où ils proviennent.

Lorsque la femme a un bois, parmi ses biens propres, la communauté en jouit suivant les règles établies, en matière d'usufruit, par les articles 590 et suiv., C. c.

Aux termes de ces dispositions, les arbres abattus dans les portions de bois de haute futaie non aménagées ne sont pas des fruits ; ils sont considérés comme une portion du fonds, qui est détérioré lorsque ces arbres viennent à disparaître. Ces hautes futaies demeurent, par conséquent, le bien du nu-propriétaire, c'est-à-dire de la femme, dans notre hypothèse. La même règle s'applique aux produits des carrières ouvertes pendant le mariage et à la moitié du trésor attribué *jure soli* à la femme propriétaire du fonds dans lequel il a été découvert (2).

Nous en arrivons à une dernière catégorie de meubles propres à la femme, celle des meubles substitués à des propres pendant le mariage.

---

(1) Loi des 8 mars, 13 et 18 juin 1850, art. 4, 3° et 4° art. 5, 3°
(2) V. Pothier, n° 98; — Delvincourt, III, p. 12; — Duranton. XIV, 133; — Demante, *Thémis*, VIII, p. 181 à 187; — Marcadé, sur l'article 716, n° 2, et sur l'article 1403, n° 5; — Aubry et Rau, V, p. 299, note 23.

D'après les principes de la communauté, les époux ne peuvent se créer arbitrairement des propres, ni employer les deniers communs à augmenter leur fortune personnelle. Mais, d'un autre côté, lorsque l'acquisition d'un propre n'est pas un effet purement arbitraire de leur volonté, lorsqu'elle est motivée par un intérêt propre antérieur au mariage, elle est permise. En conséquence, tout meuble substitué à un bien propre est propre, car l'entrée de ce meuble dans le patrimoine est motivée par un intérêt propre préexistant. Dans cette catégorie rentrent : 1° les créances provenant de la vente ou du partage d'immeubles propres aliénés ou partagés durant le mariage ; ces créances se trouvent substituées à la propriété immobilière qui appartenait privativement à la femme ; elles lui tiennent lieu de cette propriété et profitent donc du bénéfice de l'exclusion en vertu de laquelle la propriété même était séparée de la masse commune ; 2° le supplément du juste prix offert sur action en rescision pour cause de lésion, par l'acquéreur d'un immeuble appartenant à la femme, supplément qui représente, en réalité, une partie proportionnelle de cet immeuble ; 3° l'action en restitution du prix, au moyen duquel la femme a acheté, avant le mariage, un immeuble qu'elle délaisse depuis, par suite d'une action en rescision pour cause de lésion ; 4° enfin, l'indemnité due par une compagnie d'assurance pour sinistre arrivé à un bâtiment propre à la femme (1).

(1) V. Aubry et Rau, V, p. 268. — Bordeaux, 19 mars 1857 (Sir. 57, 2, 531).

§ 2. — *Immeubles.* Sont propres immobiliers :

1° Les immeubles dont la femme avait la possession ou sur lesquels elle avait un droit de propriété, dès avant le mariage (art. 1402 et 1401,1°). Il importe peu que l'existence de ce droit de propriété n'ait été reconnu que pendant le mariage, ou qu'il se trouvât subordonné, soit à la condition de célébration, soit à quelque autre condition qui ne s'est réalisée que depuis cette époque. Ainsi, l'immeuble acheté avant le mariage, mais sous condition suspensive, reste propre à la femme qui, pendant le mariage, l'acquiert par la réalisation de la condition. Cette acquisition doit, en effet, être régie comme si elle était antérieure à la célébration du mariage, puisque la condition accomplie a un effet rétroactif au jour même du contrat (art. 1179).

2° La moitié de l'immeuble donné aux deux époux, par un seul et même contrat et sans désignation de parts, et tous les biens immobiliers échus à la femme pendant le cours du mariage, à titre de succession ou de donation, à moins que, dans ce dernier cas, le disposant n'ait manifesté une volonté contraire (art. 1401, 1° et 1405).

3° Les immeubles abandonnés ou cédés à la femme par un de ses ascendants, soit en paiement de ce qu'il lui doit, soit à la charge de payer ses dettes, sauf récompense à la communauté (art. 1406).

4° Les immeubles acquis, pendant le mariage, contre des immeubles appartenant à la femme. Lorsque, dans l'échange, une soulte a été stipulée, parce que l'immeuble acquis est d'une valeur supérieure à l'immeuble aliéné, le nouvel immeuble n'en reste pas moins propre pour le tout, mais il y a lieu à récompense (art. 1407). Cependant il faut plutôt regarder la réalité des faits que leur apparence, et, si la soulte était à peu près égale à la valeur du propre donné en échange ou, à plus forte raison, si elle la dépassait, le nouvel immeuble ne deviendrait propre que jusqu'à concurrence de la valeur du propre originaire et serait conquêt pour le surplus. Certains auteurs vont même jusqu'à décider que, dans ce dernier cas, les tribunaux pourraient voir un acquêt dans l'immeuble reçu en échange, et l'attribuer tout entier à la communauté, qui en aurait payé de ses deniers la plus grande part, sauf récompense à la femme de la valeur de son immeuble.

5° Enfin, la portion d'immeuble acquise à titre de licitation ou à tout autre titre onéreux, alors que la femme était propriétaire par indivis de l'immeuble partagé (art. 1408-1°). Ajoutons que lorsque c'est le mari lui-même qui s'est porté adjudicataire en son nom personnel et pour son propre compte, la femme peut retirer l'immeuble, à la dissolution de la communauté, en versant le prix d'acquisition dans la masse commune, auquel cas, l'immeuble tout entier est censé lui avoir toujours individuellement appartenu (art. 1408, 2°).

II. — *Communauté conventionnelle.*

Nous ne nous occuperons ici que des clauses qui peuvent modifier l'étendue des biens propres de la femme et, par suite, l'étendue des droits du mari sur ces mêmes biens.

Parmi les conventions qui viennent apporter des modifications à la composition de l'actif de la communauté légale, les unes sont restrictives, les autres extensives. Les premières sont surtout importantes, car il est souvent nécessaire de conserver à chacun des époux une partie de sa fortune mobilière. Cette nécessité, qui avait été comprise par nos anciens jurisconsultes, se fait sentir d'autant plus vivement, à notre époque, que les valeurs mobilières forment une part plus considérable de la fortune publique.

Nous allons exposer, tout d'abord, les clauses qui créent des valeurs propres ; nous verrons ensuite celles qui les diminuent et nous en analyserons rapidement les effets.

I. *Communauté réduite aux acquêts :* — Sous ce régime, la femme conserve, non-seulement tous ses immeubles, mais encore tout le mobilier qu'elle possédait au jour du mariage et tout celui qui lui échoit pendant sa durée, à titre de donation ou de succession (art. 1408).

Elle garde aussi, à titre de propres, les purs dons ou gains de fortune, comme la part de trésor qui lui est attribuée *jure inventionis*. Cette part ne peut, en

effet, se classer dans aucune des catégories indiquées
par l'article 1408, car elle ne constitue ni un revenu, ni
un produit de l'industrie.

Si la femme a pris, avant la célébration du mariage,
un billet de loterie avec lequel elle gagne plus tard un
lot, ce lot lui reste propre, parce que, en prenant le
billet, elle a acquis une espèce de créance conditionnelle
du lot qui lui adviendra, si son billet sort à la loterie (1).
La solution est plus contestée dans le cas où la mise à
la loterie a eu lieu pendant le mariage. Pothier considère encore le gain comme un pur don de fortune et
l'exclut de la communauté, à moins qu'il ne soit prouvé que
le billet a été payé des deniers communs. MM. Marcadé et
Rodière et Pont admettent cette distinction; MM. Aubry
et Rau pensent, au contraire, et avec raison, selon nous,
qu'elle doit être rejetée comme violant la présomption
générale que toutes les sommes dépensées par l'un des
époux ont été puisées dans la caisse commune (2).

II. *Clause de réalisation.* — Cette clause peut avoir
pour objet soit l'universalité du mobilier présent ou futur
de la femme, ou une partie aliquote de cette universalité, soit tout ou partie de son mobilier présent ou de son
mobilier futur seulement, soit enfin certains meubles
corporels ou incorporels spécialement déterminés.

Tout le mobilier compris dans la clause de réalisation
demeure propre à la femme. Cette clause étant restric-
tive de la communauté légale qui forme le droit commun,

(1) Pothier, de la Communauté, n° 321.
(2) Voir en ce sens, Duranton XV, 12, et Troplong, III, 1572.

en notre matière, nous devons lui donner une interprétation stricte et ne pas l'étendre aux objets qu'elle ne comprend pas *in terminis*.

III. *Clause d'emploi.* — Par la clause d'emploi, la femme stipule qu'une certaine somme, par elle apportée ou à elle donnée à l'occasion du mariage, sera employée à son profit en acquisition d'immeubles ou de valeurs désignées.

Cette clause emporte réalisation tacite de la somme qui en fait l'objet, même pour le cas où il n'en aurait pas été fait emploi.

IV. *Clause d'apport.* — La clause d'apport est celle en vertu de laquelle la femme, dans notre hypothèse, déclare mettre en communauté telle ou telle partie de sa fortune mobilière. Il en résulte que le surplus est tacitement réalisé. A la différence de la réalisation expresse, la clause d'apport ou clause de réalisation tacite n'empêche pas le mobilier de la femme de tomber pour la propriété dans l'actif commun. Elle a pour unique effet de réserver à son profit l'excédant de la valeur de sa fortune mobilière sur la somme à laquelle elle a fixé ses apports (art. 1500, 2°). Il est inutile d'ajouter, après cela, que cette clause ne présente aucun intérêt au point de vue des droits du mari que nous avons à étudier.

V. *Reprise d'apport.* — Comme dans le cas précédent, les meubles que la femme a le droit de reprendre ont été acquis à la communauté, dès le jour du mariage. Telle était la doctrine de Pothier : « La reprise des effets mobiliers que la femme a apportés ou a fait

entrer dans la communauté ne se fait pas en nature ; le
mari ou ses héritiers sont, pour cette reprise, lorsqu'il
y a ouverture, débiteurs de la somme que les dits effets
valaient lorsque la femme les a apportés ou fait entrer
dans la communauté (1). »

VI. *Clause d'ameublissement.* — Les clauses précéden-
tes excluaient de la communauté des meubles qui devaient
naturellement y tomber. Celle-ci, au contraire, y fait
tomber des immeubles qui, d'après le droit commun,
devraient en être exclus.

Il y a deux sortes d'ameublissement :

1° *L'ameublissement général*, qui a pour objet soit la
totalité des immeubles présents et futurs de la femme,
soit ses immeubles présents ou ses immeubles futurs
seulement, ou enfin une quote-part, soit de tous ses
immeubles, soit de ses immeubles présents ou de ses immeubles futurs.

2° *L'ameublissement particulier*, qui ne porte que sur
des immeubles spécialement indiqués ou une quote-part
de certains immeubles ainsi désignés.

L'ameublissement soit général, soit particulier, est
déterminé lorsque les immeubles ameublis tombent dans
l'actif commun d'une manière absolue, c'est-à-dire quant
à la propriété même et sans restriction à une certaine
somme (art. 1506, 2°). Ces immeubles, devenant biens de
communauté, ne rentrent pas dans notre cadre ; nous
n'aurons donc pas à nous en occuper.

L'ameublissement est *indéterminé* quand les immeu-

(1) Pothier, de la Communauté, n° 407.

bles ameublis ne sont mis dans la communauté que jusqu'à concurrence d'une certaine somme (art. 1506, 3°). Cet ameublissement n'a pas pour résultat de rendre la communauté propriétaire des biens sur lesquels il porte; il donne simplement naissance, à son profit, à un droit de créance en vertu duquel la femme sera tenue, au moment de la dissolution de la communauté, de comprendre dans la masse commune les immeubles ameublis, et cela, jusqu'à concurrence de la somme pour laquelle l'ameublissement a été fait (art. 1507, 3°, et 1508).

VII. *Communauté à titre universel* — La communauté à titre universel a lieu lorsque les époux font entrer dans l'actif commun tous leurs propres présents ou à venir, ou présents et à venir (art. 1526). Dans ce dernier cas, la femme aura rarement des biens personnels. Cependant elle peut en avoir : ainsi, les objets qui lui sont donnés ou légués sous la condition expresse qu'ils ne tomberont pas dans l'actif commun lui restent propres, comme sous le régime de la communauté légale.

SECTION II

Droits et pouvoirs du mari sur les biens propres de la femme.

Nous avons déterminé, dans la première section, les causes qui donnent naissance aux propres de la femme. Avant de passer aux droits du mari sur ces biens, il convient de nous demander, au moins en ce qui concerne les meubles, si la femme en est réellement propriétaire ou si, au contraire, la propriété en étant

8

transférée à la communauté, le droit de la femme consiste uniquement en une créance ayant pour objet la reprise de leur valeur !

Pour résoudre cette question, d'ailleurs assez délicate, une distinction nous paraît nécessaire. Et tout d'abord, pas de difficulté en ce qui concerne certains meubles auxquels on a donné le nom de *propres imparfaits*. Il est certain, et toute la doctrine est unanime sur ce point, que la communauté en devient propriétaire, en vertu des principes du quasi-usufruit, parce que le fait de jouir et le fait de disposer de ces choses sont équivalents et que, sans le droit de propriété, le droit de jouissance est absolument illusoire.

L'art. 1851, en matière de société, nous donne l'énumération des propres imparfaits : ce sont, par exemple, le vin, l'huile, les denrées, et surtout l'argent comptant; en un mot, tout ce qui se consomme par le premier usage. Il en est de même des choses qui se détériorent en les gardant, ou tout au moins que l'on ne peut conserver sans un grave préjudice, comme celles qui sont susceptibles de se corrompre ou de se gâter rapidement; de même encore des choses destinées à être vendues et de celles livrées au mari sur estimation, sans déclaration que l'estimation ne lui en transfère pas la propriété; de même enfin, d'une manière générale, de tous les meubles exclus de la communauté par les clauses d'apport ou de reprise d'apport.

Quant aux *propres parfaits*, la solution semble plus douteuse. Dans notre ancien droit, Pothier, distinguant entre les propres réels, c'est-à-dire les immeubles, et

les propres conventionnels, c'est-à-dire les meubles
réalisés, enseignait que la propriété de ceux-ci, quelle
qu'en fût la nature, passait à la communauté et que le
droit de la femme se bornait à la reprise de leur valeur :
« Les meubles réalisés, disait-il, ne diffèrent des biens
mis en communauté qu'en ce que la femme, ou ses
héritiers, sont créanciers de la reprise du montant des
dits biens contre la communauté. Au surplus, le mari
n'a pas moins le droit de disposer à son gré des dits
biens que de ceux de la communauté ; il peut seul et
sans sa femme intenter en justice les actions pour raison
des dits biens et y défendre ; la clause de réalisation ne
laisse à la femme, comme nous venons de le dire,
qu'une créance pour la reprise et un privilège sur les
effets qui se trouvent encore en nature en la possession
du mari, ou de sa succession, lors de la dissolution de
la communauté, pour le paiement de la reprise qui en
est due. » (1).

Sous l'empire du Code civil, quelques auteurs, s'ins-
pirant de cette pensée, admettent la même solution.
C'est aussi la doctrine consacrée par trois arrêts de la
Cour de Paris (2) qui se fondent sur l'art. 1503, aux
termes duquel « chaque époux a le droit de reprendre
et de prélever, lors de la dissolution de la communauté,
la valeur de ce dont le mobilier qu'il a apporté lors du
mariage, ou qui lui est échu depuis, excédait sa mise
en communauté. » Cet article, dit-on, est la consécra-

<del>___</del>

(1) Pothier, Puiss. du mari sur la femme, n° 83, et Com. n° 325.
(2) Arrêts des 21 janv., 15 avr., 11 mai 1837 (Dalloz, 37, 2, 163).

tion légale de la doctrine de Pothier qui est celle de
l'ancien droit. Il est, d'ailleurs, corroboré par l'art. 1428
qui donne au mari l'exercice des actions mobilières de
la femme. Or, *qui habet actionem ad rem, rem ipsam
habere videtur.* Le mari, en sa qualité de chef de la
communauté, est donc considéré comme propriétaire
des meubles de la femme : ces meubles sont, par conséquent, tombés en communauté.

Malgré toutes ces raisons, nous ne croyons pas
devoir admettre cette doctrine. D'abord, rien ne prouve
que les rédacteurs du Code civil aient voulu suivre
l'opinion de Pothier qui, dans tous les cas, n'était pas
universellement reçue par nos anciens jurisconsultes (1).

Ensuite, l'art. 1503 vient après d'autres articles qui
s'occupent de la clause en vertu de laquelle l'un des
conjoints s'oblige à faire entrer son mobilier dans
l'actif commun, jusqu'à concurrence d'une certaine
somme. Cet article ne concerne que la clause d'apport ;
il est complètement étranger aux clauses de réalisation
expresse et de communauté réduite aux acquêts, et,
d'une manière générale, à toutes les circonstances qui
peuvent donner lieu à des propres parfaits de l'un ou de
l'autre des époux. Il faut donc le restreindre à l'hypothèse qu'il a pour objet de réglementer et dans laquelle
son application est parfaitement raisonnable, à cause
de l'impossibilité où l'on se trouve de distinguer, dans
les effets mobiliers, ceux qui doivent tomber dans la

(1) V. Bourjon, Dr. com., tit. X, part. IV, chap. II, sect. 2, 12
et 13 — Renusson, des Propres, chap. VI, § 3, n° 10 et 11.

communauté de ceux qui en doivent être exclus ; pour éviter toute difficulté, on considère tous les meubles comme communs, sauf le droit de créance de la femme pour l'excédant de la valeur de son mobilier sur l'apport qu'elle avait promis. Il s'ensuit que l'art. 1503 donne une solution toute particulière qui, imposée par la force des choses, ne peut contredire en rien notre théorie.

L'argument tiré de l'article 1428 n'est pas plus décisif. Ce texte se réfère uniquement aux droits du mari comme administrateur des propres de la femme. Or, il n'est pas étonnant de voir, dans notre droit, l'administrateur de la fortune d'autrui exercer seul les actions mobilières de celui qu'il représente. Le tuteur est dans ce cas. A-t-on cependant jamais songé à le déclarer propriétaire des meubles de son pupille !

L'opinion que nous combattons ne repose pas seulement sur de faibles bases ; elle répond encore, moins bien que la nôtre, aux intentions des parties ou du législateur dont la volonté a donné naissance à des meubles propres. La femme a exclu sa fortune mobilière de la communauté : n'est-il pas naturel de croire qu'elle n'a entendu l'y faire entrer que quant à la jouissance ! Son intention a donc été de ne transmettre à la communauté qu'une espèce de droit d'usufruit, tout en conservant la propriété pour son propre compte. Sans doute, il vaudrait quelquefois mieux pour elle avoir une créance à exercer que le droit de reprendre des meubles détériorés une fois la communauté dissoute ; mais, outre le cas où elle a pour eux des motifs particuliers d'affection, ses intérêts sont mieux sauvegardés si le mari devient insolvable.

Quelle a été, de plus, la pensée du législateur lorsqu'il a donné à la femme, par l'article 1498, le droit de *prélever ses apports*, dans le cas de communauté réduite aux acquêts? N'est-il pas évident que ce sont les meubles eux-mêmes et non leur valeur qu'il lui a permis de reprendre? Les mots *prélever ses apports* ne viennent-ils pas dissiper tous les doutes?

La manière de voir de nos adversaires se heurte, en outre, aux dispositions de l'article 1510, 2° et 3°. Il résulte implicitement de cet article que les meubles réalisés de la femme, qui ont été constatés par un inventaire ou état authentique, se trouvent soustraits aux poursuites des créanciers de la communauté. N'est-ce pas dire que, dans cette hypothèse, les meubles dont s'agit restent, même au regard des tiers, exclus de la communauté et demeurent la propriété de la femme.

Enfin, l'article 560 du Code de commerce ne peut s'expliquer que tout autant que l'on considère la femme comme propriétaire des objets mobiliers qui ne sont pas tombés dans l'actif commun. « La femme, nous dit en effet cet article, pourra reprendre en nature les effets mobiliers qu'elle s'est constitués par contrat de mariage, ou qui lui sont advenus par succession, donation entre vifs ou testamentaire, et qui ne seront pas entrés en communauté, toutes les fois que l'identité en sera prouvée par inventaire ou tout autre acte authentique. »

Concluons donc que le mari, en sa qualité de chef de la communauté, ne peut être regardé comme propriétaire des meubles, propres parfaits, de la femme.

La question de savoir quels sont les droits du mari à

leur égard, comme à l'égard des immeubles, demeure, par conséquent, tout entière. Tâchons maintenant de la résoudre.

La communauté qui, aux termes de l'article 1401, 2°, a l'usufruit des biens propres de la femme, se trouve, par là même, essentiellement intéressée à ce que ces biens soient conservés, améliorés et rendus de plus en plus productifs. C'est dans ce but que la loi confie à l'époux le soin d'administrer la fortune particulière de la femme et d'en percevoir les fruits.

Comme chef de la communauté, le mari a la jouissance des propres mobiliers et immobiliers de la femme, mais c'est la communauté qui profite de leurs revenus : ainsi, les intérêts des créances et le loyer des meubles et des immeubles propres, de même que les fruits naturels et industriels qui en proviennent, tombent définitivement dans l'actif commun. Il faut, en un mot, appliquer ici les principes généraux de l'usufruit en matière ordinaire.

Quant à l'administration, elle passe au mari, sinon en sa qualité de chef de la communauté, comme la jouissance, du moins, selon l'expression de Renusson, comme un attribut, une conséquence du pouvoir marital.

En thèse générale, ce droit d'administration s'étend à tous les biens personnels de la femme, quelle qu'en soit l'origine. Il y a cependant des exceptions, notamment, par la force même des choses, pour le commerce séparé que fait la femme marchande publique. Un arrêt de la Cour de Paris (27 novembre 1810) est allé même jusqu'à comprendre dans ces exceptions les appointements d'une femme autorisée par son mari à être actrice, pourvu que ces appointements lui soient nécessaires pour exercer son état.

Il se peut aussi que la femme se réserve, par une clause du contrat de mariage, l'administration de tout ou partie de ses biens propres, ce qui est parfaitement licite, puisqu'elle pourrait, par la clause de séparation de biens, ainsi que nous le verrons plus loin, conserver l'administration de sa fortune et la libre jouissance de ses revenus. Cette réserve peut enfin être faite par les tiers donateurs ou testateurs, en faveur de la femme, quant aux biens dont ils disposent à son profit.

A. *Des actes d'administration.* — En sa qualité d'administrateur des biens propres de la femme, le mari jouit de tous les pouvoirs qui appartiennent, en général, à tout administrateur de la fortune d'autrui. C'est ainsi qu'il peut faire tous les actes conservatoires, ordonner les réparations, changer même, dans une certaine mesure, le mode d'exploitation des biens et prendre, en un mot, tous les moyens nécessaires pour que sa gestion ne cesse pas, un seul instant, d'être conforme aux intérêts de tous. Peut-il cependant accorder des délais aux débiteurs? La solution négative, quoique logique, serait trop rigoureuse et entraînerait, dans la pratique, de considérables et fâcheux inconvénients. Aussi croyons-nous pouvoir reconnaître au mari le droit d'accorder des délais modérés, sauf aux tribunaux à apprécier si la concession de ces délais peut et doit être considérée comme un acte de bonne administration.

A côté du pouvoir d'administrer existe toujours,

comme une conséquence naturelle, le pouvoir de donner à bail. Le mari administrateur des immeubles propres de la femme doit donc avoir la faculté de consentir seul la location de ces biens. L'art. 227 de la coutume de Paris le décidait ainsi : « Peut toutefois le mary faire baux à loyer ou moisson, à six ans pour héritage assis à Paris, et à neuf ans pour héritage assis aux champs, et au dessous, sans fraude. » Le Code civil a consacré le même principe. Il s'ensuit que le mari a le droit de louer les propres de la femme et que le bail par lui consenti est obligatoire pour tous, du moins tant que la communauté dure. Mais si le bail dure encore lorsque cesse la communauté, cessera-t-il instantanément, ou durera-t-il tout le temps qui restait encore à courir au moment de la dissolution de la communauté ? En d'autres termes, que deviendra le bail passé par le mari, lorsque la femme sera remise en possession de ses biens ?

D'un côté, le législateur ne pouvait décider que la dissolution de la communauté entraînerait la résiliation immédiate des baux, car on eût alors difficilement trouvé des locataires qui eussent accédé à une convention aussi aléatoire. D'un autre côté, il ne pouvait déclarer obligatoire pour la femme tout bail consenti par le mari quelle qu'en fût la durée. Il fallait donc prendre un milieu pour concilier l'intérêt général, et c'est ce qu'il a trouvé moyen de faire dans l'art. 1429 :

« Les baux que le mari seul a fait des biens de sa femme pour un temps qui excède neuf ans, ne sont, en cas de dissolution de la communauté, obligatoires vis-à-vis de la femme ou de ses héritiers que pour le temps qui reste à courir soit de la première période de neuf ans, si les parties s'y trouvent encore, soit de la seconde, et ainsi de suite, de manière que le fermier n'ait que le droit d'achever la jouissance de la période de neuf ans dans laquelle il se trouve. »

Les baux passés par le mari, sans le concours de la femme, ne peuvent, par conséquent, excéder une durée de neuf années. S'ils ne sont que de neuf ans et au-dessous, ils sont complètement obligatoires pour la femme et doivent durer tout le temps primitivement fixé, quand même la communauté viendrait à se dissoudre avant l'expiration de ce temps. Quant aux baux qui sont consentis pour un temps qui excède neuf années, si la communauté se dissout, on les suppose divisés en périodes de neuf années chacune, et le fermier a seulement le droit de terminer le temps qui reste à courir de la période dans laquelle il se trouve au moment de la dissolution de la communauté. Soit un bail de trente ans : il comprend trois périodes de neufs années, plus une fraction de la quatrième période. Tant que dure la communauté, le preneur n'a rien à craindre. La communauté se dissout-elle dans la seconde ou la huitième année du bail, il dure encore sept ans dans la première hypothèse, un an dans la seconde. Est-elle dissoute la dixième année, la deuxième période étant commencée, le preneur a pour huit ans encore une jouissance certaine. Enfin, la communauté se dissout-elle la vingt-huitième année, le bail dure pendant les deux années qui restent à courir, et arrive ainsi au terme qui avait été convenu avec le mari administrateur des biens de la femme.

Les baux ne sont donc obligatoires que tout autant qu'ils ont été passés pour une période de neuf ans et au-dessous. Mais cela ne suffit pas : il faut en outre qu'ils n'aient pas été consentis par le mari en fraude des droits de la femme. Le texte de l'article 227 de la coutume de Paris, reproduit plus haut, était formel sur ce point, et nous ne connaissons pas de raison qui puisse nous faire écarter aujourd'hui ce même principe qui est, d'ailleurs, justement suivi par la jurisprudence et la majorité de la doctrine. Remarquons, toutefois, que la jurisprudence et à peu près les mêmes auteurs reconnaissent que le seul fait de la vileté du prix ne suffirait pas pour faire annuler le bail, à moins qu'il n'y eût preuve de dol ou de fraude (1).

Le mari a-t-il le droit de relouer quand bon lui semble, ou doit-il attendre la cessation du premier bail ? L'un et l'autre système ont encore leurs dangers. Si le mari pouvait renouveler, selon son bon plaisir, en obligeant sa femme, il lui serait facile d'éluder les dispositions de l'article 1420, car, après avoir consenti un bail de neuf années, il pourrait le renouveler pour neuf années encore, et cela, quelques mois peut-être après la première convention.

D'autre part, il est du devoir d'un bon administrateur de ne pas attendre les derniers jours d'un premier bail pour le renouveler ou se procurer de nouveaux preneurs

---

(1) Req. rej., 11 mars 1824 (Sir. Coll. nouv. 7, 1, 412). V. MM. Toullier, XII, 108; — Troplong, du Louage, I, n° 151 et de la Comm. II, n° 1020; — Dalloz, n° 1377; — Rodière et Pont, II, p. 215; — Aubry et Rau, V, p. 315, note 15.

ou de nouveaux locataires, autrement il y aurait toujours un certain laps de temps de non-jouissance par
bail ou location, et par suite, une privation momentanée
de revenus.

La loi a encore réussi à tout concilier en permettant
de renouveler le bail avant l'expiration du terme primitif, mais à une époque peu éloignée de sa cessation.
Aussi, l'article 1430 décide-t-il que si le mari a renou-
velé, sans attendre l'expiration des termes, la femme
ou ses héritiers ne sont pas liés par les baux de neuf
ans et au-dessous qui ont été stipulés plus de trois ans
avant l'expiration du bail courant, s'il s'agit de biens
ruraux, et plus de deux ans avant la même époque s'il
s'agit de maisons. De plus, les baux renouvelés dans
les limites de la loi sont obligatoires, quand même l'exécution n'en aurait pas encore commencé au moment où
la communauté vient à se dissoudre.

Quant aux baux dont le renouvellement est irrégulier,
ils ne reçoivent absolument aucun effet, si, au moment
de la dissolution de la communauté, le premier bail dure
encore; ils sont, au contraire, obligatoires pour la femme
s'ils se trouvent avoir commencé avant cette dissolution
(art. 1430, *in fine*), car il est indifférent, en ce cas, qu'ils
aient été faits avant la cessation du premier. Enfin, en
ce qui concerne les baux de plus de neuf années, passés
par anticipation, ils reçoivent leur plein et entier effet
pourvu, toutefois, qu'ils aient reçu un commencement
d'exécution durant la communauté.

En dernier lieu et pour finir ce qui a trait aux actes
d'administration, disons que le mari, outre la faculté

qu'il a de résilier, non-seulement les baux qu'il a passés, mais encore ceux que la femme a consentis avant le mariage, a aussi le droit de louer les meubles propres de cette dernière. Nous ne pensons pas cependant que les dispositions des articles 1429 et 1430 puissent être appliquées dans notre hypothèse. Les meubles se détériorent, en effet, par l'usage et ne comportent pas toujours une location prolongée. Il faut donc s'inspirer des circonstances et décider, suivant la nature des objets loués et la durée du bail, s'il faut voir là un acte excédant ou non les pouvoirs d'un administrateur.

B. *Des actions judiciaires* — Distinguons, tout d'abord, entre les actions mobilières, les actions possessoires et les actions pétitoires.

I. Aux termes de l'article 1428, le mari peut intenter seul toutes les actions mobilières qui appartiennent à la femme. L'article 233 de la coutume de Paris disait aussi : « Le mary est seigneur des actions mobiliaires, » posé qu'elles procèdent du côté de la femme ; et peut » ce mary agir seul et déduire lesdits droits et actions » en jugement sans sadite femme. »

Il n'y a donc pas le moindre doute sur ce point. S'il s'agit de réclamer un objet mobilier qui, pour un motif quelconque, n'est pas tombé dans l'actif commun, s'il s'agit de défendre sur une demande portant sur une chose de cette nature, le mari actionne seul et peut être seul poursuivi. Il est, en cela, le mandataire légal de la femme ; d'où il suit que tout ce qui est jugé pour ou contre lui se trouve jugé pour ou contre la femme, encore que celle-ci n'ait pas été mise en cause.

Il ne faut pas croire cependant que ce droit soit toujours accordé au mari d'une façon exclusive : la femme peut en effet intervenir, s'il y a collusion entre le détenteur de ses meubles et son mari, et attaquer les jugements rendus contre ce dernier seul, par la voie de la tierce-opposition. Ajoutons aussi qu'un recours doit, dans tous les cas, lui appartenir contre son conjoint, lorsque ses intérêts se trouvent compromis par sa faute ou sa négligence.

Par exception à la règle qui donne au mari le pouvoir d'intenter seul les actions mobilières de la femme, nous pensons qu'il n'a le droit d'exercer l'action en partage de meubles propres à cette dernière qu'en ce qui concerne les propres imparfaits. Nous savons, en effet, que ces sortes de choses, dont la femme s'est réservé la reprise, tombent dans la communauté ; il ne reste donc qu'à faire l'application littérale de l'article 818 du Code civil : « Le mari peut, sans le concours de sa femme, provoquer le partage des objets meubles ou immeubles à elle échus qui tombent dans la communauté. »

Quant aux propres parfaits, au contraire, comme ils ont été exclus, comme ils ne sont pas tombés dans la masse commune, comme enfin le mari ne peut en disposer, ainsi que nous le verrons bientôt, on ne saurait lui reconnaître le droit d'en demander le partage, et c'est évidemment pour ce cas encore que l'article 818 a été rédigé, lorsqu'il porte que, pour tous les objets *qui ne tombent pas en communauté*, le mari ne peut que provoquer un partage provisionnel.

Le mari qui exerce des actions mobilières peut, à

plus forte raison, recevoir le paiement des sommes dues à sa femme et en donner bonne et valable quittance, alors même qu'il s'agit de sommes soumises à emploi ou remploi, en vertu d'une clause spéciale du contrat de mariage. La jurisprudence est à peu près unanime sur ce point (1).

Il n'en est pas de même, d'après MM. Aubry et Rau (2), s'il résulte de l'ensemble des conventions matrimoniales des deux époux que la femme a entendu se réserver, non-seulement le droit d'exiger immédiatement du mari l'emploi ou le remploi convenu, mais encore un recours contre les tiers qui auront payé entre les mains de celui-ci, sans que cet emploi ou ce remploi ait été effectué. Dans ce cas, disent-ils, et nous partageons leur avis, les paiements faits en dehors de toute participation ou approbation de la femme ne seront pas libératoires à son égard.

II. Les actions possessoires ont pour objet de faire cesser le trouble apporté par un tiers à la possession du détenteur d'un immeuble ou de revendiquer même la possession de l'immeuble, si le détenteur en a été dépouillé.

Ces actions sont complètement assimilées aux actions mobilières. Le mari peut donc les intenter seul (article 1428). On admettait cependant, dans notre ancienne

(1) Angers, 26 janv. 1842. — Req., 25 juillet 1843 (Dalloz, 42, II, 17, et 43, I, 411). — Amiens, 17 déc. 1861. — Colmar, 23 déc. 1863 (Sirey, 62, II, 215, et 61, II, 111).

(2) V. MM. Aubry et Rau, V, § 510, p. 311.

jurisprudence, que la femme avait la faculté d'intervenir, à raison de l'influence qu'un jugement sur son droit de possession peut avoir sur son droit de propriété. « Le mari, lisons-nous, en effet, dans Ferrière, peut intenter et déduire toutes les actions possessoires procédant du côté de la femme..... comme sont les actions de complainte et de réintégrande, pour être conservé dans la possession de ces biens, ou y être rétabli et réintégré, sans que pour ce il soit besoin de son consentement. Toutefois elle pourrait y intervenir si elle y avait intérêt, suivant la note de maître Charles Dumoulin en ces termes : *Potest tamen uxor intervenire etiam invito marito, authorata a judice, in propriis suis ne colludatur.* »

Nous ne voyons pas pour quelle raison on ne suivrait pas aujourd'hui cette doctrine de Dumoulin. Nous croyons, par conséquent, que la femme pourrait intervenir avec l'autorisation de son mari ou, en cas de résistance, avec l'autorisation de justice.

III. En ce qui concerne les actions pétitoires, c'est-à-dire celles qui ont pour objet la revendication d'un immeuble ou de droits réels immobiliers, le mari n'a pas qualité pour les intenter seul contre les tiers-détenteurs des immeubles de la femme. (Arg. *a contr.* de l'article 1428, 2°). C'est là l'application d'un principe général qui a été consacré de tout temps : celui-là seul qui peut aliéner a le droit d'intenter l'action pétitoire ; l'arme de la revendication accompagne le droit de propriété.

(1) Ferrière, art. 233, glos. uniq., n° 6.

La loi romaine disait déjà : *absurdum est ei cui alienatio interdicitur permitti actiones exercere.* Or, le mari n'est pas propriétaire et nous verrons plus loin qu'il n'a pas le droit d'aliéner. Il ne doit donc pas pouvoir exercer l'action pétitoire.

Cette doctrine a été néanmoins contredite par quelques auteurs, et la Cour de cassation a elle-même décidé que le mari peut exercer seul les actions immobilières de la femme et que les tiers peuvent opposer le jugement à cette dernière, pourvu qu'ils requièrent son intervention au procès, lorsqu'elle n'intervient pas d'elle-même (1).

Nous n'en maintenons pas moins notre première solution, car il nous est impossible d'admettre que le mari, qui, simple administrateur, ne peut aliéner les immeubles dont la femme reste propriétaire, puisse agir soit comme demandeur, soit comme défendeur dans une instance où la propriété est précisément en question. Tel était, du reste, l'avis unanime de nos anciens auteurs : « La coutume, dit Ferrière (1), borne et restreint le pouvoir du mari à intenter et déduire seulement les actions mobilières et possessoires de sa femme, sans son consentement, et non celles qui concernent le fonds, la propriété et le domaine de ses biens. La raison est que, quoique le mari soit réputé le maître des biens de la femme, tant par le droit romain que par le droit coutumier, ce n'est toutefois qu'impro-

(1) Req., 15 mai 1832 (Dalloz, 32, 1, 357).
(2) Ferrière, art. 231, glos. uniq., n°ˢ 1, 2 et 3.

9

prement, en conséquence de l'autorité maritale, à laquelle il a été juste de donner des bornes; autrement les femmes souffriraient souvent la perte de tous leurs biens sans leur consentement, par la mauvaise conduite et administration de leurs maris...... Ainsi, le mari ne peut rien faire, sans le consentement de sa femme, qui puisse emporter l'aliénation de ses biens, et, pourtant, il ne peut point déduire ni intenter les actions réelles qui concernent la propriété des choses, laquelle appartient à la femme. Que si le mari seul avait intenté ou défendu sur les actions pétitoires, la sentence rendue contre lui seul ne pourrait préjudicier à sa femme, comme n'ayant pas été partie dans l'instance. »

Tel est aussi l'avis de la plupart des auteurs modernes (1). Il ne faut pas cependant aller trop loin et refuser au mari le droit d'agir au pétitoire, dans la limite du droit d'usufruit qui appartient à la communauté. Ce droit doit, en effet, lui être conféré, non pas comme administrateur des biens de la femme, mais bien au nom de la communauté dont il est le chef; il exerce donc alors un droit de la communauté et non un droit de la femme (2).

De même que le mari ne peut intenter seul les actions pétitoires, de même, d'une manière générale, il ne peut exercer, sans le concours de la femme, toutes les

(1) V. MM. Duranton, XIV, n° 316; — Taulier, V, p. 90; — Mourlon, III, p. 56; — Odier, I, n° 273; — Troplong, n° 1005; — Rodière et Pont, II, p. 197; — Aubry et Rau, V, p. 317.
(2) Cass. 11 nov. 1831 (Dalloz, 31, 1, 350).

actions qui peuvent compromettre le droit de propriété des immeubles de celle-ci.

C'est ainsi que, par un arrêt du 6 novembre 1835, la Cour de Rouen a décidé que l'action en bornage ne peut pas être considérée comme un acte d'administration rentrant dans les attributions du mari, lorsqu'elle donne lieu à une question de propriété, et que le mari doit, en ce cas, faire intervenir la femme.

La même règle est applicable aux actions en partage concernant ses immeubles propres. Le mari ne peut ni les intenter seul, ni y répondre. Cela résulte invinciblement de la combinaison des deux dispositions qui forment le premier alinéa de l'art. 818. Ajoutons toutefois qu'à raison de la jouissance qu'il a sur les biens personnels de la femme, le mari peut, aux termes de ce même article et comme pour les meubles, provoquer seul un partage provisionnel.

C. *Des aliénations.* — Il n'y a, en principe, que le propriétaire qui soit capable d'aliéner : *nemo dat quod non habet.* Le mari ne doit donc pas pouvoir disposer des immeubles propres de la femme, sans son consentement, et c'est, en effet, ce que nous trouvons formellement écrit dans notre Code (art. 1428, 3°), qui n'a fait, d'ailleurs, que reproduire, sur ce point, les dispositions de l'art. 226 de la coutume de Paris : « Le mary ne peut vendre, échanger, faire partage ou licitation, charger, obliger ni hypothéquer le propre héritage de sa femme, sans le consentement de ladite femme. »

Si le mari a aliéné seul un immeuble de la femme, celle-ci peut le revendiquer tout entier, entre les mains du tiers-acquéreur, alors même qu'elle a accepté la communauté. Quelques auteurs enseignent cependant que, par application de la maxime *Quem de erictione tenet actio, eumdem agentem repellit exceptio*, la femme qui accepte la communauté ne peut revendiquer que la moitié de son immeuble propre (1). Mais cette doctrine est victorieusement combattue par MM. Aubry et Rau, de la manière suivante : « L'erreur, disent-ils, provient d'une fause assimilation des effets qu'entraîne l'acceptation de la communauté, avec ceux qui découlent de l'acceptation d'une succession. L'héritier pur et simple, qui succède aux obligations du défunt, telles qu'il les avait contractées, en est tenu dans toute leur étendue. La femme, au contraire, ne succède pas au mari et ne prend pas sa place. Ce n'est qu'en qualité d'associée qu'elle peut être tenue des obligations contractées par ce dernier. A ce titre, elle est bien soumise à la restitution de la moitié du prix payé par l'acheteur, et même au paiement de la moitié des dommages-intérêts qui peuvent lui être dus ; mais elle ne saurait être obligée de respecter l'aliénation faite par le mari, qui n'a pu la soumettre à une pareille obligation, par cela même qu'il lui était défendu de vendre le propre de la femme sans son consentement. Ces deux propositions ne sont nullement contradictoires..... La femme, quoique n'étant pas soumise à la garantie de la vente de son propre,

(1) V. Toullier XII, 235. — Marcadé, sur l'art. 1428, n° 3; — Troplong (de la vente, I, 163; de la comm. II, 730 à 733); — Zachariæ, § 510, note 3. — Voir aussi: Amiens, 18 juin 1811, (Sir., 15, II, 40).

n'en est pas moins tenue, comme commune en biens, de la moitié des condamnations qui, de ce chef, seront prononcées contre son mari, comme de celles qui le seraient à tout autre titre. La cause de son engagement, sous ce rapport, réside dans l'acceptation de la communauté, et il n'est pas besoin, pour l'expliquer, de la rattacher à une obligation de garantie, à laquelle elle se trouverait personnellement soumise. » (1).

Le Code civil ne parle que de l'aliénation. Il faut évidemment étendre ce mot à tous les actes que la coutume de Paris avait pris soin d'énumérer, et dire, avec MM. Rodière et Pont (2), qu'aujourd'hui comme sous l'ancienne jurisprudence, le mari ne peut, sans en avoir reçu mandat de sa femme, donner, vendre, échanger en tout ou en partie les immeubles personnels de cette dernière, et qu'il ne peut pas davantage, comme disait la coutume, *charger* ces immeubles, c'est-à-dire les grever d'un droit réel tel qu'une servitude, pas plus qu'il ne peut en consentir le partage, ni les frapper d'hypothèque.

La jurisprudence actuelle se montre même plus rigoureuse : elle interdit au mari de concéder, sans le consentement de la femme, l'ouverture d'une carrière ou d'une minière sur un de ses propres (3).

Une précision doit enfin être faite, en ce qui concerne

(1) Aubry et Rau, tome V, page 348, note 21 *in fine*. — Voir aussi : Duranton, XIV, 321 ; Odier, I, 281 ; Rodière et Pont, II, 912.

(2) V. MM. Rodière et Pont, Contr. de mariage, II, p. 200.

(3) Amiens, 30 nov. 1837 (Dalloz, 38, II, 103).

l'hypothèque. Sous la communauté conventionnelle, le mari peut hypothéquer seul les immeubles que la femme a ameublis, et cela jusqu'à concurrence de la somme pour laquelle l'ameublissement indéterminé a eu lieu (art. 1507, 3°, et 1508, 2°). La jurisprudence tend cependant à restreindre ce droit autant que possible. C'est ainsi qu'elle décide que le mari ne peut concéder seul une hypothèque sur ces biens que pour les besoins d'une industrie ou d'une opération spéciale, lorsque l'ameublissement n'a été consenti par la femme qu'en vue de ces besoins (1).

Le mari ne peut pas aliéner les immeubles de sa femme : faut-il décider, par *a contrario*, qu'il peut disposer de ses *propres mobiliers parfaits?*

Et, d'abord, quel est l'intérêt de la question ? Cet intérêt est manifeste : 1° lorsqu'au moment de la dissolution de la communauté la vente faite par le mari n'a pas encore reçu son exécution : si la vente a été valablement consentie, la femme sera tenue de livrer la chose qui en a fait l'objet ; si la vente est nulle, elle s'opposera à la livraison et reprendra l'objet qui lui appartient ; 2° lorsque l'acheteur mis en possession savait que la chose vendue n'appartenait pas au mari, car il faut être de bonne foi pour invoquer la maxime : *en fait de meubles, la possession vaut titre ;* 3° lorsque l'objet de la vente est un meuble *incorporel*, comme une créance, une rente, une action, car la règle de l'article 2279 ne s'applique qu'aux meubles corporels.

(1) Rej. rej. 29 mars 1850 (Sir., 50, 1, 127).

En droit naturel, il est certain que l'aliénation des meubles doit être, en général, considérée comme un acte de disposition interdit comme tel à l'aministrateur de la fortune d'autrui, mais l'opinion contraire s'impose, si on se laisse égarer par les souvenirs de l'ancien droit. Autrefois, en effet, la vente d'un meuble était considérée comme un acte de bonne administration, parce qu'elle constituait un véritable mode de jouissance. Mais cette décision tenait à un état économique qui a disparu; on ne peut plus invoquer aujourd'hui le fameux adage *vilis mobilium possessio*. La cause s'étant évanouie, l'effet ne doit pas survivre et on doit laisser reprendre aux principes l'empire qui leur est légitimement attribué.

On nous fait, il est vrai, plusieurs objections que l'on déduit de l'article 1428. Ce texte, nous l'avons vu plus haut, confère au mari le droit d'exercer les actions mobilières de la femme, et on répète : *qui habet actionem ad rem recuperandam rem ipsam habere videtur.* On ajoute que la loi, muette sur la question des meubles, ne prohibe que l'aliénation des immeubles personnels de la femme sans son consentement, et on en tire la conséquence que l'article 1428 reconnaît implicitement au mari le droit d'aliéner seul les propres mobiliers.

Nous répondons, tout d'abord, que dire que le droit de revendiquer emporte, pour le mari, le droit d'aliéner, c'est méconnaître la vérité des choses et confondre des actes dont la nature et le caractère sont essentiellement différents. Le mari qui revendique un propre de la femme fait, en réalité, un acte d'administration et agit dans l'intérêt de celle-ci, non moins que dans

le sien; à ce double titre, il doit pouvoir agir sans le
concours de sa femme. Il n'en est plus ainsi lorsqu'il
aliène : il dispose alors de ce dont la femme a voulu se
réserver la propriété, et on ne comprend plus qu'il le
puisse faire en dehors d'elle. Vainement oppose-t-on
que l'aliénation peut, en bien des cas, être fort avantageuse, et que mieux vaut souvent aliéner des meubles
improductifs et dispendieux pour éteindre des dettes, que
de continuer le service d'intérêts onéreux. La chose est
possible, mais cela ne fait pas que le mari doive ou
puisse se dispenser de consulter sa femme et de prendre son consentement lorsqu'il s'agit, en définitive, de
la dépouiller d'objets dont elle a voulu rester propriétaire et dont, par tels ou tels motifs, elle peut vouloir
conserver la propriété (1).

Autre chose est donc poursuivre en justice ce qui
nous appartient, autre chose est l'aliéner; mais, nous
objecte-t-on encore, celui qui agit en justice s'expose et
peut arriver, en fait, à une aliénation. Oui, sans aucun
doute, mais comme il faut tenir compte du but qu'il
poursuit, nous voyons qu'il ne se propose point, en ce cas,
de faire sortir un bien de son patrimoine, tandis que le
contraire arrive lorsqu'il aliène. Il est, par conséquent,
aisé de comprendre que la loi permette plus facilement
d'agir en justice que d'aliéner. Cela est si vrai, d'ailleurs, que le tuteur, qui peut seul exercer les actions
mobilières de son pupille, ne peut pas cependant vendre
seul les meubles de celui-ci (art. 452, C. c.), et que ce

(1) V. MM. Rodière et Pont, II, page 537.

même tuteur, qui a le droit d'intenter une action immobilière avec la seule autorisation du conseil de famille (art. 464), ne peut pas, avec cette simple autorisation, aliéner les immeubles (art. 457).

La loi du 23 mars 1806 permet, en outre, au tuteur d'aliéner, *par exception*, certains meubles incorporels de peu d'importance : c'est dire qu'elle ne lui reconnaît pas ce droit d'une manière générale. L'aliénation des meubles n'est donc pas un acte d'administration.

L'article 1428, nous devons l'avouer, prohibe seulement l'aliénation des immeubles de la femme par le mari, sans son consentement, et reste muet en ce qui concerne les meubles. Mais c'est uniquement parce que cet article ne s'occupe que de la communauté légale, c'est-à-dire d'un régime dans lequel les meubles tombent, d'une manière générale, dans la masse commune (art. 1401) et rentrent, par conséquent, dans la disposition de l'article 1421, qui permet au mari de vendre, aliéner, hypothéquer, sans le concours de la femme, *tous les biens de la communauté*. Il ne s'ensuit pas pour cela que le mari ait le droit de vendre seul les objets mobiliers qui ont été exclus de l'actif commun.

En résumé, les textes ne permettent pas de considérer l'administrateur de la fortune d'autrui, et le mari n'est autre chose qu'un administrateur des *propres parfaits* de la femme, comme autorisé à vendre ou à engager les meubles qu'il détient. Les principes généraux nous imposent la doctrine contraire et aucune exception n'est écrite, dans la loi, en faveur du mari. Il en résulte, à notre avis, qu'on doit l'assimiler à un

mandataire, qui aurait reçu un mandat général
d'administrer, et qu'il n'a point le droit, à lui seul et
sans le concours de la femme, d'aliéner les propres
mobiliers de celle-ci.

Telle est la solution admise aujourd'hui par de nombreux auteurs (1) et par la jurisprudence. La Cour de
Paris, qui l'avait repoussée par les trois arrêts ci-dessus
cités de 1837, est bientôt revenue sur ses premières
décisions, dans deux autres arrêts, dont le premier a
été vainement déféré à la censure de la Cour suprême,
qui, depuis lors, n'a jamais varié sur ce point (2).

Le mari ne peut donc aliéner seul les meubles que la
femme s'est réservés propres. Il ne peut davantage
faire cession de ses créances personnelles, quoique nous
lui ayons déjà reconnu le droit d'en recevoir le montant.
Entre la cession et la réception du paiement d'une
créance, il y a, en effet, toute la distance qui sépare
un acte de propriété d'un acte d'administration.

Quid juris de la novation ? A ne consulter que les
principes généraux du Droit romain, il faudrait décider
que le mari peut nover seul la créance propre de sa
femme : *cui recte solcitur is etiam nocare potest* (3). Mais,

(1) V. MM. Toullier, XIII, n° 326; — Duranton, XIV, n° 318;
— Odier, I, n° 278, et II, n° 728; — Championnière et Rigaud,
n° 2896; — Marcadé, art. 1428, n° 2; art. 1199, n° 4; — Rodière
et Pont, II, p. 506.

(2) Paris, 15 fév. 1839 et 3 janv. 1852 (Dalloz, 52, II, 217).
Req. 2 juillet 1840 (Dalloz, 40, 1, 211). — Req. 16 juillet 1849,
16 juillet 1856, 5 nov. 1860, 1 août 1862 (Dalloz, 49, 1, 171; 56, I,
281; 62, 1, 180).

(3) Loi 10, D., XLVI, 2. — Voir cep. les lois 23 et 25, eod. tit.

d'après le Code civil, nous pensons que la novation doit être regardée comme un acte de disposition interdit au mari, puisque l'article 1272 déclare qu'elle ne peut s'opérer qu'entre personnes capables de contracter. Cette décision ne peut nullement nous étonner si nous considérons que la novation se décompose en deux actes : l'extinction de la première créance et la naissance d'une obligation nouvelle. Or, la première créance ne peut être éteinte que par une renonciation du créancier, renonciation dont un administrateur est incapable.

La conversion en titres au porteur de titres nominatifs appartenant à la femme peut-elle être enfin effectuée par le mari seul ? Nous ne le croyons pas, car cette opération dénature la fortune ; elle en change la condition. N'est-elle pas d'ailleurs motivée, le plus souvent, par l'intention d'aliéner, et, dans tous les cas, ne cause-t-elle pas un danger grave par la facilité qu'elle procure aux aliénations ? La loi fiscale l'a si bien compris qu'elle ordonne de percevoir, en ce cas, le droit de transmission de propriété. On nous oppose, il est vrai, la généralité de l'article 8 de la loi du 23 juin 1857, sur les titres au porteur : « Tout propriétaire d'actions et d'obligations a toujours la faculté de convertir ses titres au porteur en titres nominatifs et réciproquement. » Mais cette objection n'est point sérieuse : en statuant sur les droits conférés à un propriétaire, la loi s'occupe seulement du propriétaire capable de disposer et ne se propose pas de trancher une question de capacité.

CHAPITRE II

Le régime exclusif de communauté n'implique aucune société entre les époux ; chacun d'eux conserve la propriété de son patrimoine, mais les revenus de la femme appartiennent au mari, qui se trouve seul chargé de pourvoir aux besoins du ménage et à l'entretien de la famille. Il s'ensuit que le mari a l'administration et la jouissance de tous les biens de la femme (art. 1530 et 1531), ce qui nous amène à nous demander encore, comme précédemment, quels sont les biens propres de cette dernière et quels sont ensuite les droits du mari sur ces mêmes biens.

§ 1. — *Du Droit de propriété que la femme conserve sur son patrimoine.* La femme reste propriétaire de tous les immeubles qu'elle possédait au jour de la célébration du mariage et de tous ceux qu'elle acquiert dans la suite, soit à titre gratuit, soit à titre onéreux. Toutefois, en ce qui concerne ce dernier point, la femme n'acquiert la propriété que si elle a payé la chose de deniers donnés ou prêtés par le mari ou par un tiers. Nous verrons bientôt, en effet, qu'elle ne peut avoir aucun capital en deniers, parce que tous les capitaux deviennent la propriété du mari à suite du quasi-usufruit qui lui compète. De là la question de savoir si la femme est tenue de prouver l'origine et la propriété des deniers, dans le cas d'acquisition faite par elle en son propre nom. Nous pensons qu'il faut répondre par la négative, car nous n'admettons pas que l'on puisse invoquer encore aujourd'hui contre la femme la présomption légale établie contre elle par la célèbre loi *Quintus Mucius*. Cette loi se trouve abrogée, selon nous, par cela seul qu'elle n'a pas été reproduite dans le Code, et nous ne voyons, dès lors, plus rien dans notre droit qui puisse servir de base à une présomption de fraude par suite de laquelle les deniers employés par la femme devraient, jusqu'à preuve contraire, être considérés comme appartenant au mari. Il faut donc suivre ici les principes généraux et déclarer que c'est à ceux qui prétendent que l'acquisition faite par la femme a été payée des deniers du mari à en fournir la preuve.

Nous devons remarquer cependant, avec la jurisprudence et la majorité de la doctrine, que la preuve à faire par le mari ou ses héritiers pourrait suffisamment résulter de l'impossibilité où se trouverait la femme d'indiquer l'origine des deniers remis au vendeur, à cause de l'acquisition par le mari, sous le régime exclusif de communauté, de toutes les économies faites au moyen des revenus de la femme (1).

Toute difficulté disparaît au sujet des immeubles acquis par la femme en échange d'immeubles à elle

(1) Toulouse, 2 août 1825 (Sir. 26, II, 21); — 17 déc. 1831 (Sir. 32, II, 585); 16 déc. 1831 (Sir. 35, II, 71); Grenoble, 1er fév. 1812 (Sir. 28, II, 41), et 30 juin 1827 (Sir. 28, II, 191); — Montpellier, 11 fév. 1843 (Sir. 43, II, 222); — Cass. civ., 6 mars 1865 (Sir. 60, I, 253).

appartenant, de ceux acquis en remplacement d'autres
biens aliénés, pourvu que les formalités indiquées aux
articles 1434 et 1435 aient été accomplies, enfin des
immeubles donnés en paiement à la femme par le mari
pour le remploi d'autres immeubles aliénés ou l'emploi
de deniers propres (art. 1595, 2°). Dans tous ces cas,
le mari ne peut prétendre en rien à la propriété de ces
divers immeubles.

Quant aux objets mobiliers, il faut distinguer suivant
qu'ils se consomment ou non par le premier usage et
qu'ils ont ou n'ont pas été soumis à une estimation.
Ainsi, la femme conserve la propriété :

1° Des meubles présents au jour du mariage, pourvu
qu'il soient susceptibles de véritable usufruit, c'est-à-
dire qu'ils ne se consomment pas par le premier usage
et ne soient pas de ceux qui, par leur nature, sont destinés à être vendus ;

2° Des meubles susceptibles d'usufruit qui lui adviennent, pendant le mariage, par donation, legs ou succession ;

3° Des meubles acquis par elle à titre onéreux. Une
remarque doit encore être faite ici, en ce qui concerne
la preuve à fournir de l'origine des deniers qui ont servi
à l'acquisition. Comme en matière d'immeubles, il faut
s'en tenir au grand principe consacré par les lois romaines que celui-là seul est propriétaire au nom duquel
la chose a été acquise, bien qu'elle ait été payée avec
les deniers d'autrui : *Qui aliena pecunia comparat, non ei
cujus nummi fuerunt, sed sibi tam actionem empti, quam*

dominium, si ei fuerit tradita possessio, quæerit (1). Ajoutons que l'on n'a pas à se préoccuper de la possibilité d'avantages indirects dont le mari pourrait faire profiter la femme en lui fournissant les fonds nécessaires au paiement de ses acquisitions. Les héritiers réservataires seront toujours admis à prouver, même à l'aide de simples présomptions, l'existence et l'étendue de ces avantages.

4° La femme est enfin propriétaire de tous les meubles qu'elle reçoit en échange d'autres meubles qui lui appartiennent. Il en est de même de tous ceux qui lui sont donnés par le mari pour le remploi de ses biens mobiliers ou immobiliers aliénés. Nous renvoyons d'ailleurs sur ce point à ce que nous avons déjà dit pour les immeubles.

Quant aux choses qui se consomment par le premier usage, elles deviennent la propriété du mari : celui-ci ne doit plus en restituer que la valeur, car il a le droit d'en jouir, et nous savons que, pour ces sortes de biens, la jouissance équivaut à la propriété. L'article 1532, qui se réfère à cette hypothèse, ordonne aux époux d'en dresser un état estimatif, et c'est le montant de l'estimation ainsi faite que le mari est tenu de restituer à la cessation de son usufruit, que les denrées ou marchandises par lui reçues aient augmenté ou diminué de valeur. Si le mari a négligé de faire cet état, il y a lieu d'appliquer l'article 1415 et de donner à la femme ou à

(1) Const. 8, C., IV, 50.

ses représentants le droit de recourir à tous les moyens de preuve.

Si la femme a apporté, en se mariant, un fonds de commerce, il est hors de doute que le fonds même demeure sa propriété, à moins qu'elle ne l'ait livré au mari sur estimation. Quant aux marchandises qu'il renferme, le mari en devient évidemment propriétaire si elles ont été estimées ou si elles se consomment par le premier usage. Il faut aller plus loin et lui reconnaître même le droit d'en disposer librement dans tous les cas, puisqu'il s'agit ici de choses destinées à être vendues et que ce n'est qu'en les vendant qu'il est possible d'en jouir.

Nous en arrivons au point le plus délicat du régime exclusif de communauté. Sous ce régime, il se peut que l'industrie et le travail de la femme produisent des valeurs mobilières : ces produits, résultant de ses talents littéraires ou artistiques, doit-on les considérer ou non comme des fruits et, par suite, faut-il en attribuer la propriété au mari ou la laisser à la femme ?

C'est là une question qui a soulevé de grandes controverses. En ce qui nous concerne, nous croyons devoir adopter l'opinion de MM. Toullier (XIV, 23), Demolombe (IV, 314 à 316) et Aubry et Rau (V, § 531, note 18), qui déclarent de la manière la plus formelle que le mari n'a pas droit à ces bénéfices. Cette doctrine, toutefois, est vivement combattue par plusieurs auteurs (1) qui pensent que l'industrie est un capital dont

(1) V. MM. Duranton, II, 490; XV, 259; — Marcadé, sur l'article 1532, n° 3; — Troplong, III, 2236, — Zacharie, § 531, texte et note 8.

les produits constituent de véritables fruits. Voyons si leur opinion est mieux fondée que la nôtre.

Il est d'abord incontestable que nous avons pour nous le texte de l'article 1530, qui accorde seulement au mari *les fruits des biens* qui appartiennent à la femme. Comment pourrait-on faire rentrer sous cette dénomination les produits de l'industrie ou de l'esprit de cette dernière, alors que les fruits ne sont que ce qu'une chose produit périodiquement, d'après sa destination?

On nous objecte, il est vrai, que, sous le régime de la communauté légale ou sous celui de la communauté réduite aux acquêts, les bénéfices de l'industrie entrent dans la communauté comme les fruits eux-mêmes (art. 1498 et 1527) et que, par conséquent, il y a même raison d'attribuer au mari ces bénéfices, sous le régime exclusif de communauté, puisqu'ils sont mis par la loi sur la même ligne que les fruits.

Nous répondons à notre tour que les articles 1498 et 1527 ont fort bien indiqué comme des acquêts de nature différente ceux qui proviennent de l'industrie des époux et ceux qui sont le résultat des économies faites sur les revenus de leurs biens, et nous constatons que l'article 1530 a seulement accordé ces derniers au mari pour l'aider à soutenir les charges du mariage. On va donc au-delà de l'intention du législateur en lui allouant les bénéfices de l'industrie de la femme.

Quant à la distinction même sur laquelle nous basons notre doctrine et que nous trouvons écrite dans la loi, elle est parfaitement raisonnable. Sous le régime de communauté, en effet, la femme a l'espoir de partager un jour la masse que les produits de son intelligence seront venus augmenter. Mais peut-il en être de même dans le cas d'exclusion de la communauté, alors que le mari a le droit d'acquérir une fortune immense avec les revenus de sa femme, sans que celle-ci puisse en retenir une obole? Peut-on, d'une manière équitable, admettre une même solution dans des hypothèses si différentes? La doctrine de nos adversaires ne repose donc ni sur les textes, ni sur l'équité, tandis que la nôtre a pour elle, non-seulement les articles qui se trouvent au siège même de la matière et que nous venons d'examiner, mais encore d'autres articles qu'il est tout aussi difficile de combattre. Nous nous contenterons de citer l'article 220 du Code civil. Si, d'après ce texte, les obligations contractées par une femme marchande publique obligent le mari, lorsqu'il y a communauté entre les époux, ce n'est pas seulement parce qu'il l'a autorisée à faire le commerce, c'est aussi parce qu'il participe lui-même aux bénéfices réalisés. On doit en conclure, ce nous semble, par une raison inverse, que si, en l'absence de communauté, le mari n'est pas tenu des engagements contractés par sa femme, marchande publique, c'est parce qu'il n'est pas appelé à prendre part aux bénéfices. Or, sous le régime qui nous occupe, il n'y a point communauté et, comme conséquence, le mari n'est pas obligé à raison des engagements pris par la femme; il n'a donc aucun droit aux bénéfices qu'elle a pu réaliser, et c'est la femme seule qui profite des produits de son commerce et de son travail, comme elle profite aussi du droit de reproduction de ses œuvres littéraires ou artistiques.

Sous le régime exclusif de communauté, comme sous tout autre régime, la femme peut se réserver la faculté de toucher, sur ses simples quittances, une portion de ses revenus pour son entretien et ses besoins personnels (art. 1531). A qui devront appartenir les biens qu'elle aura pu acquérir au moyen des épargnes faites sur ces revenus? Pothier s'occupe de cette question, sous le régime de la communauté, et décide que ces biens ne doivent pas tomber dans le patrimoine commun, « parce que, dit-il, la femme s'étant réservé par cette » convention tous les revenus de cet héritage qui » seraient à percevoir pendant tout le temps que dure- » rait le mariage, ces revenus sont pour elle des pro- » pres; or, tout ce qui provient des propres, sans en » être un fruit, ne tombe pas en communauté. » (1).

L'opinion de Pothier nous semble d'autant plus acceptable, sous le régime exclusif de communauté, qu'il n'y a pas ici pour la femme de masse commune dont elle puisse réclamer une part. Si on a excepté de la jouissance du mari des fruits ou des intérêts qu'elle a le droit de toucher, c'est qu'on n'a point voulu que le mari en devînt propriétaire; et si, avec ces mêmes fruits ou ces mêmes intérêts, la femme acquiert certains objets, on ne peut les attribuer au mari, car il lui importe peu que la femme, au lieu de dissiper ses revenus en folles dépenses, les ait placés en bonnes acquisitions; on ne peut, sans violer les conventions matrimoniales, lui reprendre ce qu'on lui avait conventionnellement abandonné.

(1) Pothier, de la Communauté, n° 976.

§ 2. — *Droits du mari sur les biens de la femme*. Les dispositions législatives qui règlent les pouvoirs du mari sous le régime exclusif de communauté sont fort peu nombreuses. Doit-on combler les lacunes qui existent, en empruntant les règles de la communauté légale ou en appliquant celles du régime dotal? Déciderons-nous, par exemple, que le mari ne doit pas avoir ici, comme sous le régime de la communauté, le droit d'exercer les actions immobilières pétitoires (art. 1428), ou bien lui reconnaîtrons-nous ce pouvoir, comme sous le régime dotal (art. 1549)?

Les principes de la communauté nous paraissent devoir être appliqués à notre matière, de préférence à tous autres, et cela pour les trois motifs qui suivent : 1° la communauté forme le droit commun et le régime dotal l'exception; 2° le régime qui nous occupe nous vient des pays dits de communauté; 3° enfin, les rédacteurs du Code, en discutant le régime exclusif de communauté, n'ont pu songer aux règles du régime dotal, puisqu'ils n'étaient pas sûrs alors d'adopter ce régime qui ne fut ajouté plus tard que sur les réclamations des habitants des pays de droit écrit.

Nous devons dire, en conséquence, que le mari jouit ici, d'une manière générale, de tous les pouvoirs d'administration qui lui appartiennent sous le régime de la communauté. Aussi renvoyons-nous aux développements que nous avons donnés plus haut sur ce même point.

D'après l'article 1530, le mari est encore seul maître des fruits et revenus de tous les biens de la femme. Il

faut se garder de croire que ce soit à titre de mandataire qu'il profite de ces revenus. S'il perçoit les fruits,
c'est *jure mariti* en vertu de son droit propre; c'est,
en un mot, parce qu'ils lui appartiennent et qu'il est
constitué, sous l'obligation de subvenir aux charges
du mariage, l'usufruitier de la fortune de sa femme.
Ce droit absolu sur les fruits lui est si bien attribué que,
les besoins du ménage une fois satisfaits, tout ce qui
lui en reste lui demeure propre, et que toutes les acquisitions, si considérables qu'elles puissent être, qu'il
peut faire avec les économies des revenus, deviennent
aussi sa propriété personnelle.

Le mari prend tous les fruits sans exception, loyers
des maisons, fermages ou récoltes en nature des biens
ruraux, intérêts des capitaux, arrérages des rentes, etc.
Il n'a pas droit cependant aux fruits naturels ou
industriels déjà perçus lors de la célébration du mariage, pas plus qu'aux fruits civils échus à cette même
époque. Il en est de même des fruits qui sont encore
pendants par branches ou par racines au moment de la
dissolution de l'union conjugale ou de la séparation de
biens. Quant aux fruits civils, ils s'acquièrent jour par
jour, et, par conséquent, le mari en profite au prorata
du temps qu'a duré le mariage.

Nous ne saurions insister là-dessus, le droit de
jouissance du mari sur les biens de la femme étant, en
général, réglé sous le régime exclusif de communauté,
par les principes du droit commun (arg. de l'art. 1533).

CHAPITRE III

RÉGIME DE SÉPARATION DE BIENS.

De tous les régimes que les époux peuvent adopter, c'est certainement celui de la séparation de biens qui laisse le moins de droits au mari sur le patrimoine de la femme. Sous ce régime, qui semble bien peu conforme à la nature du mariage, les intérêts des époux demeurent séparés et la femme conserve à la fois la propriété, l'administration et la jouissance de tout ce qui lui appartient. Elle seule peut donc, avec l'autorisation de son mari ou de la justice, intenter les actions mobilières et les actions possessoires et pétitoires ; elle seule peut procéder à un partage. Le mari n'a même pas le droit de provoquer un partage provisionnel, car il lui faudrait pour cela la jouissance des biens (art. 818), et ici il n'a point cette jouissance.

Quoique les intérêts des époux soient ainsi, de par la loi, parfaitement distincts, il peut cependant arriver, en fait, que les meubles se trouvent confondus de manière qu'il soit impossible de savoir à qui la propriété en appartient. Dans ce cas, la présomption doit être, du moins en thèse générale, en faveur du mari, puisque la propriété des meubles s'établit surtout par la possession ; or, les meubles sont dans la maison du mari, car la femme est ordinairement chez le mari, et non le mari chez la femme : donc les meubles doivent être con-

sidérés comme appartenant au mari, tant que la femme
ne rapporte pas de titre contraire. Il en serait tout
autrement si la maison appartenait à la femme ou si le
bail était passé à son nom; il ne serait plus vrai alors
de dire que la possession milite en faveur du mari, car
c'est véritablement chez la femme et non pas chez lui
que se trouvent les meubles.

Quoiqu'il en soit, pour éviter toute difficulté, les
époux qui se marient sous le régime de séparation de
biens agissent prudemment en faisant constater, à l'époque du mariage, au moyen d'un état en bonne forme,
la consistance du mobilier que la femme possède à ce
moment, et en prenant la même précaution pour tout
celui qui lui échoit dans la suite.

Au point de vue de la jouissance, le mari a le droit
de faire verser par la femme la part des revenus indiquée au contrat, pour subvenir aux charges du ménage;
à défaut de ce règlement, la femme est tenue de les
supporter jusqu'à concurrence du tiers de ses revenus
(art. 1537). C'est là une différence avec le régime de la
séparation judiciaire sous lequel les charges du mariage
sont toujours supportées par chacun des époux proportionnellement à ses facultés et à celles de son conjoint
(art. 1448). A tous autres égards, et sauf l'irrévocabilité de la séparation de biens conventionnelle, les
règles qui se réfèrent à ces deux régimes sont les
mêmes; il sera donc inutile de les étudier séparément.

Le mari, avons-nous dit, n'a, sous le régime qui nous
occupe, ni l'administration, ni la jouissance du patrimoine de la femme séparée de biens. Qu'arrivera-t-il

cependant s'il s'est, en fait, immiscé dans ses affaires et s'il a perçu quelques fruits? Il faut compléter l'article 1599, qui s'occupe de cette situation, par les articles 1578 et 1579, qui règlent la situation des paraphernaux dont la femme a laissé l'administration au mari, et qui feront l'objet particulier de notre étude dans notre quatrième chapitre, sous la rubrique : Des droits du mari sur les biens paraphernaux.

CHAPITRE IV

RÉGIME DOTAL.

SECTION PREMIÈRE

Droits du mari sur les biens dotaux.

§ 1er — *Nature des droits du mari sur les biens dotaux.* Dans le droit romain, nous l'avons vu, le mari était propriétaire de la dot. Les principales coutumes des pays de droit écrit avaient suivi cette doctrine que le législateur moderne est enfin venu abroger. Sous l'empire de notre Code civil, en effet, le mari n'a plus la propriété des biens dotaux : cela résulte du texte même de l'article 1549 qui, en lui conférant simplement l'administration et la jouissance de la dot, lui dénie virtuellement, du moins en général, la qualité de propriétaire des biens qui en font l'objet.

Nous disons en général, car il se peut que le mari

acquière la propriété de certains biens que la femme
s'est constitués en dot, auquel cas cette dot consiste
simplement en une créance de la femme contre son
mari. C'est ainsi que ce dernier devient propriétaire :

1° De toutes les choses fongibles, c'est-à-dire de
celles d'abord qui se consomment par le premier usage
et aussi de celles qui, d'après les circonstances, sont
destinées à être vendues. — L'usufruit de ces choses
consistant dans le droit même de propriété, c'est donc
le droit de propriété qui passe au mari, sous l'obligation
d'en rendre de semblables, une fois que cet usufruit
aura pris fin. C'est ce que disait déjà la loi romaine :
« *Res in dotem datæ, quæ pondere, numero, mensurave
constant, mariti periculo sunt, quia in hoc dantur ut eas
maritus ad arbitrium suum distrahat ; et quandoque soluto
matrimonio, ejusdem generis et qualitatis alias restituat
vel ipse, vel heres ejus.* » (1).

2° Des meubles non fongibles constitués avec estimation, sans déclaration que l'estimation ne vaut pas
vente. — Quant à ces objets, l'intention de transférer
la propriété au mari est légalement présumée ; pour
que l'estimation faite dans le contrat de mariage ne
rende pas le mari propriétaire, il faut que les parties y
aient expressément déclaré qu'elles n'ont pas entendu
faire une vente (art. 1551) ; l'estimation n'a alors d'autre
but que de déterminer l'étendue de l'indemnité qui sera
due par le mari, si les choses qui lui ont été livrées
périssent ou se détériorent par sa faute.

(1) Loi 42, D., de jur. dot.

3° Des immeubles livrés au mari sur estimation, avec déclaration expresse que l'estimation vaut vente (art. 1552). — On s'écarte ici de la maxime : *dos æstimata, dos vendita*, introduite par le droit romain et primitivement admise dans notre ancien droit, sans distinction entre les meubles et les immeubles, mais avec une foule d'exceptions et de restrictions sur lesquelles on était loin d'être d'accord. C'est dans le but d'éviter ces difficultés, comme aussi à raison de l'importance qu'on attachait autrefois à la propriété immobilière, que les articles 1551 et 1552 ont posé des règles différentes. Le législateur est surtout parti de ce principe que l'on a, en général, beaucoup d'affection pour les immeubles. On ne doit donc jamais présumer chez la femme l'intention d'en transférer la propriété. Cette intention se présume, au contraire, quand il s'agit de meubles, parce qu'on y tient moins et que d'ailleurs la femme a tout intérêt à avoir pour dot la créance du prix d'estimation qui ne périra point, plutôt que des objets mobiliers dont la nature est si dépréciable.

4° Des immeubles que le mari acquiert pendant le mariage avec les deniers dotaux (art. 1553, 1°). — Ces immeubles appartiennent au mari d'une façon exclusive ; car, en sa qualité d'usufruitier, il était devenu propriétaire des écus que lui avait comptés sa femme, et il a pu, par conséquent, comme un emprunteur ordinaire, les employer à ses risques et périls et en faire tel usage que bon lui a semblé. Si donc il s'en est servi pour payer le prix des immeubles achetés, ces immeubles lui appartiennent et n'appartiennent qu'à lui.

L'article 1553 fait cependant une restriction pour le cas
où, dans le contrat même de mariage, on a stipulé
qu'emploi sera fait des deniers dotaux. Dans cette
hypothèse, l'immeuble acquis avec ces deniers est
dotal.

5° De l'immeuble qui est donné au mari en paiement
d'une dot constituée en argent (art. 1553, 2°). —
D'après le contrat de mariage, le mari devait recevoir
en dot une somme d'argent dont il aurait pu disposer à
son gré; l'immeuble qui est *in facultate solutionis* et
qu'il reçoit à la place doit, par conséquent, être traité
comme cette somme d'argent. La dation en paiement
n'a pas pu changer la nature de la dot constituée,
autrement le principe d'irrévocabilité des conventions
matrimoniales serait violé, puisque la dot aurait une
nature différente de celle qu'elle devait avoir d'après le
contrat. Il n'en serait pas de même s'il avait été convenu dans le contrat de mariage que le constituant
pourrait se libérer de la somme promise en dot en
payant à sa place un immeuble qui deviendrait dotal.
Dans ce cas, l'immeuble livré à la place de la somme
promise deviendra dotal par le seul fait de la *datio in
solutum*.

Dans toutes les hypothèses qui précèdent, lorsque la
propriété passe au mari, celui-ci devient débiteur vis-à-
vis de la femme, non pas de corps certains, mais de
quantités. Il en résulte d'une manière évidente, sans
que nous ayons besoin d'insister sur ce point, que le
mari peut disposer de ce qui lui a été livré, de la façon la
plus absolue : il peut l'aliéner, l'hypothéquer, le laisser

perdre par prescription, en faire, en un mot, tout ce que comporte le droit de propriété.

La permission d'aliéner l'immeuble dotal qui, nous le verrons plus loin, peut être donnée au mari par contrat de mariage, n'a pour but que de lever la prohibition qui est de la nature et non de l'essence du régime dont nous nous occupons en ce moment. Il ne s'ensuit donc pas que le mari devienne propriétaire de cet immeuble, puisqu'il ne cesse point d'être dotal et ne peut même pas être vendu sans le concours de la femme.

Le mari n'acquiert pas non plus la propriété des créances, des droits mobiliers constitués en dot, et c'est en vain qu'on opposerait les termes de l'article 1551 du Code civil, en disant que ces droits portent en eux-mêmes leur estimation. Il n'a pas été, en effet, dans l'esprit du législateur, d'étendre la disposition de cet article aux créances et aux droits de même nature; les mots *mis à prix*, que l'on a employés, le font suffisamment comprendre. Il en était d'ailleurs ainsi dans notre ancienne jurisprudence, sous l'empire de laquelle Bartole expliquait qu'il fallait appliquer à la créance donnée en dot la même distinction qu'à tout autre bien, *scilicet, aut datur æstimatum, aut datur simpliciter* (1). Les droits dont nous parlons continuent, par conséquent, d'appartenir à la femme qui en court les risques, pourvu, bien entendu, qu'on ne puisse imputer aucune faute au mari administrateur (art. 1567).

Lorsque le mari a élevé des constructions sur un

(1) Bartole, sur la loi 49, D., XXIV, 3.

fonds dotal, il ne doit pas être réputé pour cela copropriétaire de ce fonds; les constructions demeurent la propriété exclusive de la femme, sauf la récompense dont elle reste tenue envers son mari : *omne quod solo inædificatur solo cedit*. Mais ces constructions forment-elles un bien paraphernal? Non, elles deviennent dotales comme l'immeuble lui-même. On ne peut pas nous opposer ici le principe que la dot ne peut être augmentée pendant le mariage, car l'article 1543, qui le consacre, n'a été écrit que dans l'intérêt des tiers et ne prohibe, dans ce but, que les conventions qui, par exemple, viendrait imprimer le caractère de la dotalité à un immeuble paraphernal; il ne doit donc pas s'appliquer aux actes qui, tout en augmentant la valeur des biens dotaux, ne sont cependant que des actes de pure administration. L'erreur des tiers, que le législateur a voulu prévenir, n'est plus à craindre dans cette hypothèse (1).

Quels sont enfin les droits du mari sur l'immeuble qui lui est livré à la place et pour lui tenir compte de l'immeuble dotal dont il a été évincé? Nous ne pensons pas que cet immeuble devienne dotal, car il n'est pas directement substitué à l'immeuble qui a été l'objet de l'éviction; il est simplement donné en paiement des dommages-intérêts dus à raison du préjudice causé au mari. Ces dommages-intérêts constituent, il est vrai, une créance dotale, mais l'immeuble cédé en extinc-

(1) Arr. Cass. 11 fév. 1843 (Dalloz, 1843, 1, 137), et 29 août 1860 (Sir. 61, 1, 9).

tion de cette créance ne devient pas plus dotal que ne le deviennent les biens acquis au moyen de deniers dotaux (1).

Pour nous résumer sur tout ce qui précède, nous dirons que le mari peut devenir propriétaire des biens constitués en dot, mais seulement dans certains cas déterminés et pour ainsi dire d'une façon accidentelle, non comme mari, mais par application des principes généraux, de telle manière que, dans toute autre circonstance où les mêmes faits viendraient à se produire, la propriété serait également transférée vis-à-vis de toute autre personne.

Le mari n'est donc pas, en principe, propriétaire des biens dotaux; reste à savoir quelle est la nature de son droit. Le Code civil n'en a pas défini et précisé les caractères, et une controverse s'est élevée entre les auteurs.

Quelques-uns ont prétendu qu'il ne fallait voir dans le droit de jouissance du mari qu'un simple mandat qu'il aurait reçu de sa femme à l'effet de percevoir les revenus des biens dotaux et de les employer aux charges du mariage. D'où ces mêmes auteurs ont conclu, à raison du caractère éminemment personnel du mandat, que le droit de jouissance ne pouvait pas être, comme un usufruit ordinaire, aliéné ou hypothéqué par le mari.

Nous ne pouvons admettre cette idée de mandat qu'en ce qui concerne le droit exorbitant d'administration;

(1) V. MM. Duranton, XV, 455; — Odier, III, 1147; — Aubry et Rau, V, p. 538, note 27.

quant au droit de jouissance, ainsi que nous en avons
déjà dit un mot sous le régime exclusif de communauté,
le mari est tout autre chose qu'un mandataire, et cela
est si vrai que, s'il en était ainsi, il devrait rendre
compte des revenus qu'il aurait reçus pour les besoins
du mariage et serait tenu, une fois ces besoins satisfaits,
de restituer l'excédant à la femme. C'est le contraire
qui a lieu ; cet excédant lui appartient en propre, il peut
en disposer comme bon lui semble et n'est comptable
d'aucune restitution. Nous en concluons, à notre tour,
que ce n'est point dans l'existence d'un mandat, mais
dans la destination même de la dot, que la personnalité
du droit du mari doit trouver sa cause.

La controverse ne s'est pas arrêtée là, et l'on soutient
encore, d'un côté, que le droit de l'époux est un véritable usufruit, par la raison que l'usufruit consiste dans
le droit de jouir de la chose dont un autre a la propriété,
et que le mari perçoit, dans son intérêt propre, tous les
fruits et revenus des biens dotaux qui ne lui appartiennent pas, à charge de faire face à toutes les dépenses
du ménage et de supporter, en outre, toutes les obligations d'un usufruitier ordinaire. D'un autre coté, en
partant du principe que l'usufruit est un démembrement
de la propriété et que, pendant le mariage, la propriété des biens dotaux reste entière à la femme, on
refuse de considérer comme un usufruit le droit du mari
sur la dot, et on le regarde, dès lors, comme un droit
purement personnel, comme une espèce d'antichrèse.

Cette dernière opinion est, à notre avis, la moins
acceptable de toutes, car nous ne voyons pas ce qu'il

peut y avoir de commun entre un créancier qui reçoit
un immeuble en antichrèse et un mari qui reçoit une
dot ; entre un créancier antichrésiste, dont le droit est
basé sur le nantissement, et le mari qui a des droits
si étendus sur les biens dotaux qu'on a été jusqu'à le
déclarer propriétaire (1).

La doctrine, qui reconnaît au mari un véritable droit
d'usufruit sur la dot, a-t-elle plus de fondement juridique, et doit-on regarder comme décisif l'argument tiré
de l'article 1562 qui soumet le mari à toutes les obligations d'un usufruitier ? Nullement. Cet article, en effet,
ne donne pas au mari les droits d'un usufruitier ordinaire, il lui en impose seulement les charges et peut,
par conséquent, tout aussi bien prouver le contraire de
ce qu'on veut lui faire dire.

Et, d'ailleurs, de nombreuses et profondes différences
ne séparent-elles pas le droit du mari de l'usufruit
auquel on prétend l'assimiler ? Nous venons de voir,
tout d'abord, que de ce que le mari a à la fois le droit
et le devoir de jouir de la dot qui lui a été confiée,
pour subvenir aux charges du ménage, il s'ensuit qu'il
ne peut, tant que le mariage existe, vendre ou hypothéquer son droit, ni même y renoncer valablement,
comme l'usufruitier, au profit de la femme, ce qui
constituerait une véritable dérogation aux conventions
matrimoniales.

De plus, l'usufruitier ordinaire ne jouit que dans son
intérêt propre, et nullement dans l'intérêt du nu-pro-

(1) M. Troplong, IV, 3102 à 3104.

priétaire, tandis que le mari jouit aussi dans l'intérêt de sa femme et de ses enfants.

Une autre différence nous est indiquée par l'art. 1550. Tandis que l'usufruitier est tenu de donner caution, s'il n'en est dispensé par l'acte constitutif, le mari en est, au contraire, dispensé de plein droit et n'y peut être soumis que par une clause expresse du contrat de mariage.

En outre, l'usufruitier ordinaire n'a droit à aucune indemnité, ni pour les récoltes qu'il eût pu faire, dans le cours de son usufruit, et qu'il n'a point recueillies (art. 500), ni pour les améliorations qui proviennent de son fait et qui ont augmenté la valeur des biens (art. 599). — Dans ces mêmes hypothèses, une indemnité est toujours due par la femme au mari, afin d'éviter les avantages indirects qui pourraient en résulter pour elle.

Enfin, le mari a, pendant le mariage, des droits beaucoup plus étendus que ceux d'un simple usufruitier. C'est ainsi qu'il peut, comme nous le verrons bientôt, intenter les actions possessoires et pétitoires (art. 1549), qu'il peut aussi toucher les capitaux et en provoquer même le remboursement, tandis que l'usufruitier proprement dit n'a que le droit de toucher les intérêts et les fruits et ne peut jamais recevoir le remboursement d'un capital (art. 584).

A ces différences fondamentales, si nous joignons celles qui se réfèrent aux règles à suivre quant aux fruits perçus pendant l'année de l'extinction de l'usufruit ou de la dissolution du mariage, nous reconnaîtrons, d'une façon bien évidente, que le droit du mari sur les biens dotaux n'est pas celui d'un véritable usufruitier. Nous devons avouer cependant que ce droit se rapproche plus de l'usufruit que de tout autre et que, par suite, toutes les fois qu'on aura besoin de puiser des éléments de solution dans quelque partie du Code, ce sera plutôt aux règles de l'usufruit qu'il faudra avoir recours qu'à un autre titre, avec cette restriction seulement que ces règles ne soient pas contraires à la nature des rapports entre époux et à la destination de la dot.

Cela posé, entrons dans l'étude des droits du mari et examinons successivement les dispositions qui régissent l'administration et la jouissance des biens dotaux, réservant à un dernier paragraphe quelques détails relatifs à leur inaliénabilité.

§ 2. — *Droit d'administration des biens dotaux.* Sous le régime dotal, le droit d'administration du mari sur les biens constitués en dot est beaucoup plus étendu que sous les autres régimes. Le mari a même certains droits qui excèdent les limites des pouvoirs confiés à un administrateur, et qu'on croirait ne devoir être attribués qu'à celui qui est propriétaire. Ces facultés exorbitantes, le Code civil les a empruntées au Droit romain; elles se concevaient alors que le mari était propriétaire; il ne l'est plus aujourd'hui, et cependant elles existent encore. Le législateur français qui a rejeté le principe de la loi romaine en a donc gardé quelques conséquences, et cela parce qu'en introduisant le régime dotal dans notre Code, il a voulu lui conserver les règles qui lui étaient propres, afin qu'il ne fît pas double emploi avec les autres régimes.

Nous n'avons pas besoin d'insister ici sur les droits du mari comme administrateur ordinaire. Ces droits, sous le régime qui nous occupe, sont, en effet, exactement les mêmes que ceux du mari administrateur de la fortune personnelle de la femme, sous le régime de la communauté légale ou conventionnelle et sous le régime exclusif de communauté. Le mari peut donc ordonner tant les grosses réparations que les réparations d'entretien; il peut aussi, sous les restrictions indiquées aux articles 1429 et 1430, louer les immeubles dotaux et recevoir, en vertu de l'article 1549, tout capital dépendant de la dot, et même, par analogie, le compte de tutelle dû à la femme, lorsque celle-ci s'est constitué tous ses biens présents ou spécialement le reliquat de ce compte. Une seule remarque nous paraît devoir être faite sur cette matière : elle a trait à l'hypothèse où le mari, encore mineur, reçoit une somme dotale et donne quittance. Pour nous, nous ne pouvons considérer cette double opération comme valable, car nous pensons qu'aux termes de l'article 482, C. c., le mari doit être, en ce cas, assisté de son curateur. On peut objecter, il est vrai, que, d'après l'article 1990 du même Code, le mineur émancipé peut être mandataire, et que le mari doit être considéré comme le mandataire général de la femme, du moins quant à l'administration de ses biens. Mais, d'après ce même article, le mineur choisi pour mandataire n'est tenu, à l'égard du mandant, que dans des limites qui seraient inconciliables avec les obligations imposées au mari vis-à-vis de sa femme, à raison des sommes dotales qu'il a pu toucher. L'objection qu'on en tire ne nous touche donc pas.

Passons aux autres droits que la loi confère au mari
et qu'elle semble lui attribuer en qualité d'administrateur, ce qui ne se comprendrait pas si l'on donnait à
cette expression le sens restreint qu'on lui donne habi-
tuellement.

Le mari a seul le droit de poursuivre les débiteurs et
détenteurs des biens dotaux, et cela sans aucune distinction (art. 1519). Il en résulte que toutes les actions
relatives à la dot, qu'elles soient mobilières ou immobilières, personnelles ou réelles, possessoires ou pétitoires,
lui appartiennent. C'est une des grandes différences qui
existent entre le régime dotal et l régime de communauté, puisque, sous ce dernier régime, le mari n'a,
relativement aux biens de la femme, que l'exercice des
actions mobilières et possessoires. Cela tient à ce que,
dans la législation romaine à laquelle le régime dotal a
été emprunté, le mari qui était propriétaire de la dot,
pouvait nécessairement exercer les actions pétitoires en
son propre nom. Cette règle a été reproduite dans notre
droit, et le mari, quoique n'étant plus propriétaire, peut
encore intenter ces mêmes actions au nom de sa femme,
en vertu du mandat qu'elle est censée lui avoir donné à
cet effet.

Puisque le mari n'a nul besoin du concours de la
femme pour poursuivre les débiteurs ou détenteurs des
biens dotaux, il est naturel d'en conclure qu'il a aussi
le droit de répondre seul à ces mêmes débiteurs ou détenteurs, car le droit de former une action emporte, en
général, celui d'y défendre, et nous ne voyons aucun
motif pour ne pas appliquer cette règle en ce qui concerne les actions dotales.

Nous allons plus loin et pensons que l'exercice d'une action dotale quelconque est attaché à la personne du mari, d'une façon exclusive, et que, par conséquent, l'action intentée par la femme, même assistée ou autorisée de son mari, ne serait pas recevable. Cette solution, il est vrai, est controversée, mais la disposition du deuxième alinéa de l'article 1549, par la manière dont elle est formulée, ne nous laisse aucun doute. D'après cet article, en effet, le mari *a seul le droit de poursuivre* les débiteurs et détenteurs de la dot, et non pas *a le droit d'en poursuivre seul* les débiteurs et détenteurs. D'où il suit que si le mari possède *seul* ce droit, la femme ne l'a point.

On peut objecter, sans doute, que l'autorisation du mari équivaut de sa part à un mandat, mais cette assimilation est fausse, car il est impossible de voir un véritable mandat dans le pouvoir donné à une personne pour agir, non pas au nom du mandant, mais en son propre nom.

On nous reproche enfin de créer à la femme une position détestable, puisqu'elle se trouve, dit-on, sans cesse exposée à voir périr son patrimoine, par l'inertie de son conjoint. Mais de deux choses l'une : ou la négligence du mari met la dot en péril, et alors la femme n'a qu'à faire prononcer la séparation de biens, ou elle n'expose point la dot, parce que le mari est solvable, et alors la femme doit se contenter de son recours contre le mari pour les prescriptions que celui-ci aura laissées s'accomplir. Voilà pourquoi l'article 1506 n'autorise la femme à demander la nullité des aliénations du fonds dotal qu'à la dissolution du mariage ou la séparation de biens, pourquoi aussi le tribun Siméon disait à ce sujet que « la femme ne peut revendiquer qu'après le mariage » seulement, *parce que ce n'est qu'à ce moment qu'elle* » *peut agir* (1). »

De même que, par exception à la règle qui lui confère l'exercice des actions mobilières et possessoires de la femme, le mari, sous le régime de la communauté, n'a point le droit d'intenter seul l'action en partage de meubles propres à cette dernière, de même, sous le régime qui nous occupe, en vertu encore de l'article 818 et par exception à la règle qui lui donne l'exercice de toutes les actions dotales, le mari ne peut, sans le concours de la femme, ni provoquer le partage de biens dotaux indivis, entre elle et des tiers, ni même défendre à la demande en partage de ces biens.

Toutefois, quelques auteurs, partant du principe que le mari peut exercer seul toutes les actions qui se rattachent à la dot, en concluent que c'est se mettre en contradiction avec cette règle que de refuser à l'époux le droit de provoquer le partage des objets compris dans cette même dot. Ils déclarent, en conséquence, que leurs adversaires donnent à l'article 818 une extension qu'il ne doit pas avoir; qu'en effet cet article, décrété à une époque où il n'avait pas encore été admis que le régime dotal dût prendre place dans le Code, est étranger à la discussion, et que la question doit exclusi-

(1) Siméon, discours au Corps législatif, le 20 pluviôse. Voir aussi Duranton, XV, 402; Odier, III, 1177; Marcadé, sur l'article 1549, n° 2; Aubry et Rau, V, § 535, note 9.

vement se décider par la disposition générale de l'article 1549. En adoptant l'article 818, ajoutent-ils, le législateur n'a pensé qu'aux partages à provoquer sous le régime de la communauté; les termes de cet article le prouvent d'une manière incontestable, car il n'y est aucunement parlé des biens dotaux. Les mots : *d l'égard des biens qui ne tombent pas dans la communauté*, s'appliquent seulement aux propres de la femme, à l'égard desquels la loi a refusé au mari l'exercice des actions pétitoires et, par suite, l'action en partage, contrairement aux règles du régime dotal, où le mari a seul le droit de poursuivre les débiteurs et détenteurs des biens dotaux.

Il est facile de répondre à cette argumentation. En effet, en distinguant les choses qui tombent dans l'actif commun de celles qui en sont exclues, et en ne permettant au mari de demander seul que le partage des objets qui ne sont pas entrés en communauté, le législateur n'a pas eu à se préoccuper de la cause en vertu de laquelle tels ou tels biens deviendraient communs ou resteraient propres. A son point de vue, le fait même de l'exclusion de la masse commune devait toujours, quel qu'en fût le motif, amener nécessairement la même solution.

De plus, s'il est vrai que, lors de la rédaction de l'article 818, on ne savait pas encore si le régime dotal serait admis, il n'était pas décidé non plus, à cette époque, que ce régime serait banni de nos Codes, et la loi du 30 ventôse an XII, en réunissant tous les textes en un seul corps de lois, sous un titre commun, est venue donner à tous les titres même force, même valeur, et mettre le dernier sceau à l'harmonie qui doit exister entre toutes les dispositions de notre Code civil, de sorte qu'on ne peut invoquer aujourd'hui la priorité d'un titre sur l'autre, comme ayant été plus tôt converti en loi.

Enfin, le Code a consacré, quant au régime dotal, les principes du droit romain (1) et l'ancienne jurisprudence de nos pays de droit écrit; Rousilhe déclare, en effet, sur ce point, que « le partage d'un fonds dotal que le mari seul fait, n'est pas *valide* (2). » À ce témoignage, nous pouvons joindre celui de Rousseau de la Combe (3), qui atteste aussi, de la façon la plus positive, que le mari ne pouvait pas, sans le concours de la femme, demander le partage de ses biens dotaux.

Les partisans de l'opinion que nous combattons persistent et ajoutent que si, dans la législation romaine, le mari n'avait pas le droit d'intenter seul les actions en partage, cela tenait uniquement à ce que le partage y était regardé comme une aliénation, d'où la conséquence qu'il doit en être tout autrement, de nos jours, puisque le partage, aux termes de l'article 883, n'est que déclaratif et non plus translatif de propriété.

Ce nouvel argument nous semble encore sans portée. Que trouvons-nous, en effet, dans l'article 883, sinon que chaque héritier *est censé* avoir succédé seul et

(1) Const. 2, C , de fundo dotali.
(2) Rousilhe, tome I, n° 218.
(3) Rousseau de la Combe, v° Partage, sect. 1, n° 6.

immédiatement à tous les objets compris dans son lot, etc. ? Il y a là une pure fiction établie pour la sauvegarde des intérêts des héritiers, mais une fiction que nous ne devons pas étendre en dehors du but que s'est proposé le législateur. Cet article ne concerne que les suites du partage et n'a nullement pour objet de caractériser l'opération en elle-même, car ce qui se passe encore en réalité est une aliénation, une espèce d'échange : nous en trouvons la preuve dans le texte même qu'on nous oppose et qui assimile complètement les effets du partage à ceux de la licitation. Or, nul ne peut songer à contester que la licitation soit une aliénation véritable, en présence de l'article 1558, aux termes duquel « l'immeuble dotal ne peut être *aliéné* que lorsque cet immeuble se trouve indivis avec des tiers et qu'il est reconnu impartageable. »

L'article 883 n'a donc rien à faire ici, et nous avons raison d'exiger le concours de la femme dans les partages. MM. Rodière et Pont nous indiquent d'ailleurs un dernier motif bien capable de dissiper tous nos doutes s'il nous en restait encore, « c'est que, dans les actions ordinaires, disent ces savants auteurs, l'intérêt du mari et celui de la femme s'identifient en général complètement, la dot ne pouvant s'accroître ou diminuer sans que le mari et la femme en profitent ou en souffrent en même temps. Dans les partages, au contraire, l'intérêt de la femme peut souvent être opposé à celui du mari, celui-ci ayant intérêt à recevoir plus de valeurs mobilières dont il pourra disposer, que de valeurs immo-

bilières, tandis que la femme a un intérêt tout contraire (1). »

En résumé, l'article 1549 n'a trait qu'aux actions où
il s'agit de poursuivre des *débiteurs* et des *détenteurs* de
biens dotaux, mais cet article ne vise nullement le cas
de partage où il s'agit de communistes ou coproprié-
taires. Aucun autre texte n'ayant parlé du partage sous
le régime dotal, il faut bien se référer à l'article 818,
qui consacre ce principe que, pour les biens qui restent
propres à la femme, le mari, sans le concours de cette
dernière, a le droit de provoquer un partage provisionnel, mais non un partage définitif. Telle est, du
reste, l'opinion que la doctrine partage (2) et qu'une
jurisprudence à peu près unanime a, de tout temps,
consacrée (3).

Nous venons d'examiner une première restriction au
droit qu'a le mari d'intenter seul les actions qui concernent la dot. Une seconde restriction au droit qui lui
appartient de défendre seul à ces mêmes actions est
relative au cas d'expropriation forcée d'un immeuble

(1) Rodière et Pont, Cont. de mariage, III, page 320.

(2) V. Toullier, XIV, n°° 156 et suiv.; — Duranton, VII, n°° 305
et 306; — Marcadé, sur l'art. 812, n° 2; — Zachariæ, III, p. 511;
— Demolombe, Succ., III, n° 581; — Demante, III, n° 116 bis,
IV; — Rodière et Pont, III, pages 319 et 320; Aubry et Rau,
V, § 535, note 12.

(3) Agen, 21 fév. 1800 (Sir. 35, II, 295); — Nîmes, 12 mars 1835
(Sir. 35, II, 291); — Paris, 11 juillet 1815 (Sir. 15, II, 501); —
Civ. rej. 21 janv. 1815 (Sir. 45, I, 353); — Pau, 21 fév. 1861 (Sir.
62, II, 211).

dotal. L'article 2208 déclare, en effet, que l'expropriation des immeubles de la femme qui ne sont point entrés en communauté doit se poursuivre à la fois contre la femme et contre le mari; or, l'immeuble dotal ne peut évidemment rentrer que dans cette dernière classe. Le motif qui a déterminé le législateur à admettre cette deuxième exception n'est pas difficile à saisir. C'est, sans aucun doute, le grand intérêt que peut avoir la femme à n'être point dépouillée d'un immeuble auquel elle attache peut-être une grande valeur d'affection et dont elle peut souvent empêcher la vente en fournissant de bonnes cautions ou même en engageant ses paraphernaux.

Le même principe et la même restriction aux droits du mari s'appliquent enfin en matière d'expropriation forcée pour cause d'utilité publique. Si la femme assistée de son mari n'accepte pas les offres de l'administration, l'instance en règlement d'indemnité doit être introduite contre les deux époux.

Avant de laisser de côté le droit d'administration, pour passer au droit de jouissance, disons que le premier de ces droits, à la différence du second, ne peut être enlevé au mari par une convention expresse contenue dans le contrat de mariage. La femme, en effet, bien qu'elle puisse se réserver la jouissance de quelques biens dotaux (art. 1549), ne peut cependant s'en réserver l'administration. Toute clause de ce genre doit être rejetée comme contraire à l'article 1388, qui prohibe toute convention dérogatoire aux droits appartenant au mari, en sa qualité de chef de l'association conjugale.

§ 3. — *Droit de jouissance*. Le droit absolu pour le mari de percevoir les fruits et les intérêts de la dot repose sur un principe d'équité. Puisque la dot est le bien que la femme apporte au mari pour l'aider à soutenir les charges du mariage, il est juste qu'il en perçoive exclusivement tous les fruits. Mais ce principe même d'équité veut aussi que l'époux ne gagne les fruits que proportionnellement à la durée de l'union conjugale. Son droit de jouissance ne doit donc s'ouvrir qu'au jour de la célébration du mariage pour finir au jour de la dissolution ou à celui de la séparation de biens. Il suit de là qu'à dater du moment même où le mariage a été célébré, le mari a, comme un usufruitier ordinaire, le droit de jouir de tous les fruits, naturels, industriels ou civils, que la dot peut produire (art. 582); et, en conséquence, si la dot ne lui est délivrée que postérieurement à cette époque, il n'en a pas moins un droit acquis aux fruits déjà perçus, comme, à l'inverse, s'il a, dès avant le mariage, recueilli des fruits naturels, ou même si, depuis ce moment, il a perçu des fruits civils antérieurement échus, il en doit compte à la femme, pour laquelle ces fruits sont dotaux ou paraphernaux, suivant qu'elle s'est constitué en dot tous ses biens présents ou seulement des objets spécialement déterminés. Ce dernier point a une grande importance en ce que, si la portion de fruits perçus avant le mariage est déclarée dotale, le mari a le droit de l'exiger, sauf à la restituer plus tard; si, au contraire, elle demeure paraphernale, la femme a seule le droit d'en exiger le paiement et peut même en exercer la répétition, *cons-*

tante matrimonio, contre son mari, dans le cas où celui-ci l'aurait indûment touchée.

Les règles relatives à l'usufruit ordinaire et celles tracées pour la jouissance du mari sur les biens propres de la femme, sous le régime de communauté ou sans communauté, sont, en général, applicables à notre matière. C'est ainsi que lorsque la dot consiste en objets qui se consomment par le premier usage, tels que l'argent comptant, les grains, les liqueurs, le mari acquiert le droit de s'en servir, à charge d'en rendre, au moment de la restitution de la dot, pareille quantité, qualité et valeur (art. 587).

Si la dot consiste en choses qui, sans se consommer *primo usu*, se détériorent cependant peu à peu par l'usage, telles que les meubles meublants et le linge, le mari peut s'en servir et n'est obligé de les rendre, lors de la dissolution du mariage ou de la séparation de biens, que dans l'état où elles se trouvent, pourvu qu'elles ne soient pas détériorées par son dol ou par sa faute (art. 589 et 1566).

Lorsque la dot comprend des bois taillis, le mari a droit aux coupes, sous l'obligation de se conformer à l'aménagement ou à l'usage des précédents propriétaires (art. 590). — En ce qui concerne les bois de haute futaie mis en coupes réglées avant son entrée en jouissance, il en profite encore, mais en se conformant toujours aux époques fixées ou aux usages du pays (art. 591). Enfin, quant aux futaies non aménagées au moment du mariage, le mari n'a aucun droit, à moins que la femme ne se les soit spécialement constituées en dot, auquel cas il est à présumer qu'elle a entendu autoriser son mari à commencer des coupes, en suivant les usages de la contrée, car les produits qu'on peut retirer d'un bois sont de si mince importance qu'il n'est guère à supposer que les parties aient voulu restreindre la jouissance du mari à ces produits insignifiants (1).

Le mari jouit de l'augmentation survenue par alluvion au fonds dotal, comme il jouit aussi des droits de servitude attachés à ce fonds (art. 596 et 597). Il jouit enfin, aux termes de l'article 598, des carrières et tourbières exploitées sur l'immeuble constitué en dot, lors du mariage, mais il n'a aucun droit à celles dont l'exploitation n'était point encore commencée à cette époque.

Quant aux mines, de nouvelles règles doivent être suivies, depuis la promulgation de la loi du 21 avril 1810, qui en a déclaré la propriété distincte de celle de la surface. Il s'ensuit qu'une mine appartenant à la femme doit être expressément comprise dans la dot, pour que le mari puisse profiter des produits qui en sont extraits; à défaut de convention expresse sur ce point, les mines ouvertes sur un fonds dotal ne sont pas réputées dotales.

Si la mine n'était pas encore concédée au moment de la célébration du mariage, le mari peut en solliciter la concession en son nom personnel, l'obtenir et en devenir lui-même propriétaire. En ce cas, la femme a seulement droit à l'indemnité qu'on a dû lui accorder par

---

(1) V. MM. Rodière et Pont, op. cit. III, p. 285.

l'ordonnance de concession, comme propriétaire de la surface. Il y a plus, elle ne jouit même pas de cette indemnité qui, d'après les dispositions de l'article 18 de la loi précitée du 21 avril 1810, semble devoir être considérée comme dotale, et, par suite, soumise au droit de jouissance du mari. Cet article dispose, en effet : « La valeur des droits résultant en faveur du propriétaire de la surface, en vertu de l'article 6 de la présente loi, demeurera *réunie* à la valeur de ladite surface, etc. » Le mari jouit donc des intérêts de l'indemnité accordée, jusqu'à la dissolution du mariage ou la séparation de biens.

Enfin, si c'est la femme elle-même qui a obtenu la concession, et si la constitution de dot ne comprend pas ses biens à venir, la mine reste une propriété paraphernale, et le mari ne peut profiter de ses revenus que dans les seules hypothèses où il profite des fruits des paraphernaux (art. 1578)

Lorsqu'un trésor est découvert dans le fonds dotal, le mari ne peut jouir de la portion attribuée *jure soli* à la femme que tout autant que celle-ci s'est constitué tous ses biens à venir; dans le cas contraire, aux termes mêmes de l'article 508, il n'y a aucun droit.

La dot peut quelquefois n'être qu'un simple usufruit : le mari gagne alors les revenus perçus pendant le mariage (art. 1568). Elle peut consister aussi en un droit d'usage ou d'habitation ou en une rente viagère, et l'époux en jouit encore sans jamais être tenu à aucune restitution (art. 588).

En dernier lieu, aux termes de l'article 595, le mari,

comme l'usufruitier, a le droit de jouir par lui-même ou de donner à ferme à un autre. S'il donne à ferme, il est tenu de se conformer, pour les époques où les baux doivent être renouvelés et pour leur durée, aux règles établies par les articles 1429 et 1430 que nous avons déjà étudiés.

Telles sont les dispositions communes à l'usufruitier ordinaire et au mari. Passons maintenant à l'examen des principales différences que nous avons eu l'occasion de signaler à la fin du paragraphe premier de notre chapitre.

Contrairement au texte de l'article 599, le mari a droit à une indemnité, non-seulement pour la valeur des coupes de bois qu'il était autorisé à faire et qu'il n'a point faites, mais encore d'une manière générale pour toutes les récoltes et pour tous les fruits qu'il eût pu recueillir ou percevoir et qu'il n'a pas perçus. Le motif en est que la jouissance est accordée au mari, en considération des charges du mariage, *ad sustinenda matrimonii onera;* or, il a supporté ces charges, il est donc juste qu'il reçoive son indemnité.

La même solution doit être admise quant à l'indemnité due pour les améliorations que le mari a faites sur les biens dotaux et qui ont donné lieu à une plus-value. En matière d'usufruit, il est vrai, l'article 599 déclare formellement que l'usufruitier ne peut rien réclamer pour les améliorations qui résultent de son fait, encore que la valeur de la chose en soit augmentée. Mais les raisons de décider, ainsi que le pensent MM. Rodière et Pont, sont loin d'être les mêmes. Si l'usufruitier ne peut rien réclamer pour les améliorations qu'il a faites, c'est que rien ne l'obligeait à les faire, parce qu'il n'a joui de la chose que dans son propre intérêt. Le mari, au contraire, comme on l'a déjà vu, n'est pas seulement usufruitier de la dot; il en est aussi administrateur, c'est-à-dire qu'il en jouit, et dans l'intérêt de la femme, et dans l'intérêt des enfants, et dans son intérêt personnel. Comme administrateur, il doit donc naturellement faire toutes les améliorations qu'il juge utiles, et il est juste qu'il en soit indemnisé dans la mesure de la plus-value qu'elles ont procurée (1).

Nous devons toutefois observer que si la plus-value est plus considérable que le montant des impenses, le mari doit se contenter du remboursement de ce qu'il a dépensé, et qu'à l'inverse, si le montant des impenses excède la plus-value, le mari ne peut en répéter l'excédant contre sa femme que dans le cas où elle s'est formellement obligée à lui en tenir compte.

La dernière question à examiner se réfère au partage des fruits de la dernière année. Parcourons rapidement les principales hypothèses, mais remarquons, tout d'abord, que l'article 1571 est aussi bien applicable aux produits périodiques des biens mobiliers dotaux, dont la femme a conservé la propriété, qu'aux produits de ces immeubles : *non solùm autem de fundo, sed etiam de pecore idem dicimus, ut lana ovium fœtusque pecorum præstaretur* (2). A la vérité, le texte ne parle que des

(1) V. MM. Rodière et Pont, op. cit. III, page 287.
(2) Loi 7, § 9, D., solut. matr.

immeubles constitués en dot ; nous ne voyons cependant aucune difficulté à en faire l'application aux fruits des meubles, car le législateur n'a voulu s'occuper ici, comme toujours, que des cas ordinaires ; il n'a donc pas eu l'intention de soustraire les objets mobiliers à la règle générale et il les a seulement passés sous silence parce que, d'ordinaire, la propriété en est transmise au mari, et qu'alors il n'y a aucun compte de fruits à établir, puisque le droit de la femme se réduit, en ce cas, à une créance dont le mari doit simplement les intérêts du jour de la dissolution.

Si nous nous en rapportions aux dispositions de l'article 585 du Code civil, en matière d'usufruit, nous devrions décider que les fruits naturels ou industriels, pendants par branches ou par racines, au moment de la dissolution du mariage ou de la séparation de biens, appartiennent toujours à la femme. Mais, en vertu du principe que les revenus de la dot sont destinés à l'acquit des charges du ménage et que, par conséquent, le mari doit les gagner à proportion du temps pendant lequel il a supporté ces charges, l'article 1571 vient déclarer que, le mariage une fois dissous, les fruits des biens dotaux doivent se partager entre le mari et la femme ou leurs héritiers proportionnellement au temps qu'a duré l'union conjugale, pendant la dernière année ; et le même article ajoute que l'année commence à partir du jour de la célébration du mariage.

Il ne faut pas prendre ce texte à la lettre ; il nous paraît certain, en effet, que les fruits perçus pendant la dernière année ne sont pas tous partageables, et que, réciproquement, les fruits de cette même période ne sont pas toujours les seuls qu'on doive partager. Nous nous expliquons: soit un mariage célébré le 1er octobre. Peu de jours après, la vigne que la femme avait apportée en dot est vendangée par le mari. Dans le courant du mois de septembre de l'année suivante, le mari vendange la même vigne et le mariage se dissout le 1er octobre. Le mari n'ayant eu à subvenir à l'entretien du ménage que pendant un an, n'a droit qu'à une seule récolte.

A l'inverse, avons-nous dit, le partage ne doit pas toujours se borner aux revenus de la dernière année. Supposons, en effet, qu'à raison des variations de la température, aucune récolte n'ait été faite pendant les douze mois; il est de toute évidence que le mari aura droit à la récolte qui sera faite ensuite, car il a supporté les charges, il est juste qu'il soit indemnisé.

Si les fruits sont de nature à se percevoir à des époques plus rapprochées ou, pour mieux dire, si l'immeuble dotal produit dans la même année deux récoltes d'une valeur égale, c'est par semestre que les droits des époux doivent se régler. Si les deux récoltes sont, au contraire, d'une inégale valeur, la distribution des fruits se fait sur l'année entière.

Il se peut aussi que le fonds dotal ne soit productif de fruits qu'à des intervalles très-éloignés. On n'en doit pas moins suivre les mêmes principes et attribuer au mari un droit à ces récoltes, dans la proportion de la durée du mariage comparée à l'intervalle qui s'écoule entre chaque perception. Si, par exemple, la dot comprend un bois qu'on coupe tous les quinze ans et si le mariage en a duré cinq, le mari n'a droit qu'à un tiers de la coupe. S'il en a fait une pendant le mariage, il doit en restituer deux tiers ; s'il n'en a fait aucune, il a droit au tiers de la coupe attendue.

Il nous reste une dernière difficulté à résoudre, à propos d'une hypothèse toute particulière : soit un mariage contracté le premier octobre ; la femme apporte une vigne en dot et le mari recueille la vendange peu de jours après la célébration ; le premier janvier suivant, il afferme la vigne et le trente-un mars, c'est-à-dire après six mois de mariage, la femme vient à mourir. Quels sont, dans ce cas, les droits du mari ? Ne pourra-t-il prendre qu'une part de la vendange, ou bien devra-t-on, au contraire, lui donner à la fois une portion de la vendange et une portion du prix du bail ? Nous pensons que la part qui revient à l'époux sur les fruits de la dernière année doit être seulement prise sur la vendange, dans l'hypothèse qui nous occupe ; nous savons, en effet, que le mari n'a droit aux fruits qu'au prorata de la durée du mariage, et les revenus produits par le bail appartiennent plutôt à l'année suivante qu'à la dernière année.

Terminons sur les fruits naturels et industriels de la dot par cette remarque générale qu'on ne doit compter comme fruits que ce qui reste à partager, toutes dépenses déduites. La loi romaine (1) et notre ancienne juris-

_____

(1) Loi 7, pr. D., solut. matr.

prudence (1) avaient admis cette règle que le législateur moderne a lui-même consacrée dans l'article 548, qui dispose : « Les fruits produits par la chose n'appartiennent au propriétaire qu'à la charge de rembourser les frais de labours, travaux et semences faits par des tiers. »

Nous n'avons rien à dire au sujet des fruits civils pour le partage desquels aucune difficulté sérieuse ne se présente; ils s'acquièrent jour par jour, et le mari n'a droit qu'à ceux qui sont échus entre la célébration et la dissolution du mariage.

§ 4. — *De l'inaliénabilité des biens dotaux.*

1. — *Inaliénabilité du fonds dotal.* La question d'inaliénabilité de la part du mari semble, en principe, ne pas pouvoir se poser. Les immeubles dotaux étant, en effet, la propriété de la femme, si le mari ne peut les aliéner, ce n'est point parce qu'ils sont inaliénables, mais parce que nul ne peut, en général, disposer de la chose d'autrui. Le cadre de notre sujet nous commandait donc de passer outre, mais comme, en fait, le mari peut avoir aliéné les biens de la femme, il y a lieu de se demander alors, ce nous semble, quelles doivent être les conséquences de cet acte de disposition et quelles sont les règles qui lui sont applicables. Nous nous bornerons, en conséquence, à rechercher ici l'étendue qu'on doit donner à l'article 1551, et le sens qu'une saine interprétation des principes généraux en cette

_____

(1) Serres, Instit., p. 127; — Despeisses, de la dot, sect. III, nᵒˢ 18 et 24.

matière peut faire attribuer à la sanction de l'art. 1560.

Les immeubles constitués en dot, dit l'article 1554,
ne peuvent être aliénés ou hypothéqués, pendant le
mariage, par le mari.... Cette prohibition s'applique,
sans distinction aucune, non-seulement à tous les actes
qui ont pour but de transférer la propriété, mais encore
à tous ceux qui tendent à grever ou à diminuer le fonds
dotal. Ainsi, par exemple, celui qui laisse acquérir une
servitude ou qui laisse prescrire celle déjà acquise est
censé aliéner tout comme celui qui vend ou qui donne.
Il ne faut pas aller cependant jusqu'à prétendre que les
biens constitués en dot soient affranchis des servitudes
légales, comme de la servitude de passage, lorsqu'un
immeuble voisin se trouve enclavé; dans ce cas, en effet,
ce n'est point la volonté de l'homme, mais la loi elle-
même qui impose la servitude, et il n'y a plus, dès lors,
aliénation dans le vrai sens du mot, c'est-à-dire acte
de propriétaire transférant son droit à autrui. Toutefois,
si, aux termes de l'article 683, le passage devait être
pris sur un autre héritage, le mari n'aurait pas le droit
de le laisser exercer sur l'immeuble dotal.

L'article 1551 ne se contente pas de prohiber l'aliénation : il prohibe l'hypothèque, et il n'y a là rien que
de très-naturel. D'une part, nous avons déjà démontré,
en droit romain — et les mêmes raisons existent en droit
français — qu'il y a pour la défense d'hypothéquer un
motif plus fort encore que pour la défense d'aliéner,
lex arctius prohibet quod facilius fieri putat; et, d'autre
part, comme l'hypothèque contient en germe l'aliénation et que le droit d'hypothéquer n'existe, aux termes

de l'article 2124, que là où se trouve le droit d'aliéner,
la prohibition résulterait évidemment encore de cet article 2124, alors même qu'elle ne serait pas écrite dans
le nôtre.

Quels sont les actes qui doivent être assimilés à une
aliénation proprement dite et, par suite, déclarés nuls
comme ne rentrant pas dans les limites des pouvoirs
accordés au mari ? Il en est ainsi, en premier lieu, des
baux qui excèdent la durée fixée par les articles 1429
et 1430 : ils sont nuls pour tout le temps qui dépasse
les limites déterminées par ces articles, alors même
qu'ils auraient été consentis avec l'agrément formel de
la femme.

Que décider de la transaction ? Il faut distinguer
entre les fruits ou intérêts échus de la dot et la dot
elle-même, et déclarer que le mari peut bien transiger
sur les contestations qui portent seulement sur les fruits
perçus des biens dotaux, puisqu'ils lui appartiennent en
propre, mais qu'il ne peut, d'aucune façon, transiger
sur le capital qui ne lui appartient pas et dont il ne peut
disposer; l'article 2045 nous paraît décisif sur ce point
lorsqu'il décide que « pour transiger, il faut avoir la
capacité de disposer des objets compris dans la transaction. »

Si le mari est incapable de transiger sur le capital
de la dot, à plus forte raison ne peut-il compromettre :
nous avons encore ici des textes formels. L'article 1003,
Proc. civ., porte, en effet, que l'on ne peut compromettre que sur les droits dont on a la libre disposition,
et l'article 1004 ajoute que le compromis sur toutes les

contestations qui sont sujettes à communication au ministère public doit être annulé; or, aux termes mêmes de l'article 83, toutes les causes qui intéressent la dot des femmes mariées sous le régime dotal sont sujettes à cette communication.

Une difficulté se présente, à propos des fruits, sur le point de savoir s'il faut leur appliquer les dispositions de l'article 1554 et les déclarer inaliénables comme l'immeuble dotal lui-même. D'abord, quant aux fruits qui ont été détachés du sol et qui ne se distinguent plus des autres biens du mari, il est évident que ce dernier, qui les a gagnés, peut en disposer comme bon lui semble. Il en est tout autrement, selon nous, des fruits qu'il n'a pas encore perçus; nous ne lui reconnaissons pas le droit de les aliéner par anticipation, même avec le consentement de la femme. Les revenus futurs, en effet, n'existent pas encore pour le mari, qui n'en devient propriétaire que par la perception; tant qu'il ne les a pas détachés de l'immeuble, ils font corps avec lui, ils sont immeubles eux-mêmes, et, par conséquent, inaliénables. Nous croyons devoir aller plus loin et appliquer cette règle aux fruits civils : le mari les acquérant jour par jour ne peut disposer que de ceux qui sont déjà échus, car ce sont les seuls dont il soit propriétaire. Il se trouve, en un mot, assimilé à un usufruitier ordinaire et ne peut pas, plus que lui, engager les fruits à venir des biens dont il n'a que la jouissance.

Il y a, d'ailleurs, un autre motif qui nous pousse à refuser à l'époux le droit d'aliéner les revenus qu'il n'a pas encore recueillis. La dot, on le sait, est apportée au mari pour supporter les charges du mariage; c'est là un principe que nul n'a jamais songé à contester. Ne s'ensuit-il pas que les fruits, qui sont destinés à acquitter chaque année ces charges, doivent être conservés à la famille, dans la mesure des besoins qu'ils sont appelés à satisfaire?

Enfin l'immeuble dotal pouvant être aliéné pour fournir des aliments à la famille, si la portion des fruits nécessaire pour assurer ces aliments pouvait être détournée de sa destination naturelle, n'en arriverait-on pas sûrement, quoique d'une manière indirecte, à éluder le principe même de l'inaliénabilité dotale?

Ce que nous venons de dire nous permet de réfuter la doctrine de la Cour de cassation qui a validé l'antichrèse d'un immeuble constitué en dot, sous le prétexte que, dans l'hypothèse qui lui était soumise, c'était un acte de bonne administration de la part du mari (1). On ne peut pas toujours dire, en effet, que l'antichrèse rentre dans les actes de bonne administration, et de ce que le mari peut donner à bail, il ne s'ensuit pas qu'il puisse donner à antichrèse. Nous n'avons, pour être entièrement éclairés sur ce sujet, qu'à comparer ces deux actes; nous voyons alors que le premier est beaucoup moins onéreux que le second, « car, ainsi que le disent très justement MM. Rodière et Pont, le bailleur reçoit dans le prix du bail l'équivalent des fruits, tandis que celui qui a donné à antichrèse ne reçoit rien tant que le créancier n'est pas complètement désintéressé. Le bail

(1 Cass. req. rej., 3 juin 1839 (Sir. 39, 1, 583).

consenti par un simple administrateur ne peut excéder
neuf années ; l'antichrèse, devant continuer jusqu'à ce
que le créancier soit entièrement payé, peut, au contraire, se prolonger beaucoup plus longtemps. » (1).

Passons à l'examen de l'article 1560, et demandons-
nous en quel sens on doit entendre ses dispositions? Suivant l'opinion de M. Colmet de Santerre (VI, n° 232 bis,
VIII), on devrait appliquer aux actes d'aliénation consentis par le mari les règles qui se réfèrent aux aliénations émanées de celui qui n'est pas propriétaire et
traiter, en conséquence, l'action de la femme non plus
comme une action en rescision fondée sur l'inaliénabilité, mais comme une action en revendication dirigée
contre un détenteur de sa chose (art. 1599), ce qui
aurait une grande influence sur la perte de cette action
par prescription.

Nous croyons devoir repousser cette doctrine. L'article 1560 rapproche, en effet, l'aliénation consentie
par le mari de celle consentie par la femme et, dans
une hypothèse comme dans l'autre, il donne l'action en
révocation, c'est-à-dire l'action en nullité, traitant
ainsi tout autrement la vente faite par le mari et celle
qui aurait été faite par un étranger. Il est d'ailleurs
facile de se rendre compte de cette différence : le mari
est administrateur des biens dotaux avec de larges
pouvoirs, et il n'est pas, dès lors, extraordinaire que le
législateur n'ait point voulu considérer la femme comme
absolument étrangère à l'acte de disposition consenti

(1) Rodière et Pont, op. cit. III, page 327.

par son conjoint. Celui-ci est supposé avoir agi comme mandataire ou gérant d'affaires de la femme, et la femme n'est plus alors protégée que par l'inaliénabilité de son immeuble.

Une réserve doit néanmoins être faite. Il faut distinguer le cas où la dotalité n'a pas été déclarée et celui dans lequel le mari a aliéné le fonds dotal comme lui appartenant. Dans cette dernière hypothèse, l'aliénation émane bien *a non domino* ; le mari ne peut être considéré comme un mandataire de la femme, et l'action n'est plus l'action en rescision, mais l'action en revendication (1).

La nullité de l'aliénation des biens dotaux peut être proposée par le mari, alors même qu'il l'a faite avec le concours de sa femme : cela résulte de ce que la prohibition n'a pas pour unique objet d'empêcher que les intérêts de la femme et des enfants ne soient compromis ; elle a aussi pour but de sauvegarder ceux du mari comme chef de l'union conjugale. L'action en nullité compète donc au mari, dès l'instant de l'aliénation, mais il ne peut l'exercer que pendant la durée du mariage ; l'union conjugale une fois dissoute ou la séparation de biens prononcée, ce droit lui échappe et passe à la femme.

Le mari, nous objectera-t-on cependant, est garant de la vente ; il se peut même qu'il ait formellement promis à l'acquéreur de faire ratifier l'acte d'aliénation après la dissolution du mariage. N'y aura-t-il pas là un

(1) V. Aubry et Rau, V, § 537, page 562.

obstacle à l'exercice de son action en nullité? Nous ne le pensons pas. A notre avis, on ne peut opposer ici la maxime : *Quem de evictione tenet actio eumdem agentem repellit exceptio*, car, en attaquant la vente d'un immeuble dotal, le mari joint à sa qualité de vendeur et de garant celle de chef et d'administrateur de l'union conjugale ; or, ce n'est pas, à proprement parler, en son nom personnel qu'il agit, c'est en qualité de chef du ménage qu'il demande la révocation. L'exception prise de la qualité de vendeur ne saurait donc apporter le moindre obstacle à l'exercice de son droit, on serait mal venu à prétendre que l'on peut repousser son action au moyen d'un engagement qui lui est personnel.

II. *Inaliénabilité de la dot mobilière*. — Nous ne devons comprendre sous cette rubrique que le mobilier dont la propriété est restée à la femme et dont l'aliénation porte un certain préjudice à cette dernière ou ne constitue pas un acte d'administration de la part de son conjoint. Celui-ci n'est pas propriétaire des meubles dotaux : nous devrions donc passer encore la question d'aliénation sous silence, si nous ne nous heurtions à un système que la jurisprudence a depuis longtemps consacré et qu'on peut résumer dans ces deux propositions :

1° Le mari a le droit de disposer des valeurs, meubles corporels et créances, composant la dot de la femme.

2° Quant à la femme elle-même, la dot mobilière est inaliénable, de sorte qu'elle ne peut, ni par elle seule, ni même avec l'autorisation de son mari ou de justice, directement ou indirectement, compromettre, amoindrir, engager, abandonner ou céder ni les objets compris dans la dot, ni l'action en restitution dont elle est investie contre son mari, ni enfin la garantie hypothécaire attachée par la loi à cette action.

Nous n'avons rien à dire en ce qui concerne l'inaliénabilité de la dot mobilière à l'égard de la femme : la jurisprudence est solidement fixée sur ce point (1), et nous n'étudions ici que les droits du mari.

Ce qu'il nous importe seulement de retenir, c'est que la Cour suprême, et avec elle la plupart des Cours d'appel, ont formellement reconnu au mari le droit d'aliéner les meubles dotaux de la femme sans distinguer ni d'après la nature de ces biens, ni d'après celle des actes d'aliénation. La base de ce droit se trouve, d'après la Cour de cassation, dans le pouvoir conféré au mari, par l'article 1549, d'administrer le patrimoine dotal ; elle croit voir d'ailleurs, dans sa jurisprudence, la conciliation de tous les intérêts. En permettant au mari d'aliéner la dot mobilière, on évite l'immobilisation des capitaux ; la famille peut profiter des spéculations avantageuses qui s'offrent à elle ; son crédit s'affermit et sa fortune s'augmente. Le besoin de conservation est est également satisfait : la femme ne peut point disposer de la créance qu'elle a contre le mari, et cette créance à laquelle vient se joindre l'hypothèque légale indisponible comme elle, assure à la famille la fortune apportée par la femme et destinée à supporter les charges du ménage et à subvenir à son entretien.

(1) Arrêt, Chambres réunies, 4 nov. 1846.

D'après la jurisprudence, le mari a donc la libre disposition du mobilier dotal; il peut céder une créance
sans le concours de la femme (1), consentir à l'extinction d'une rente viagère à elle appartenant (2), participer à un concordat, à raison d'une créance dotale (3),
transiger et compromettre sur n'importe quels intérêts
dotaux, pourvu qu'ils portent sur des objets mobiliers
litigieux (4), renoncer aux hypothèques garantissant les
créances dotales de la femme ou faire seulement une
cession d'antériorité (5), etc., etc.

La Cour suprême a cependant apporté un juste tem-
pérament au pouvoir de libre disposition qu'elle reconnaît
au mari à l'égard de la dot mobilière : « La fraude, dit
en effet un arrêt du 20 mars 1855, fait exception à
toutes les règles ; quelle que soit l'étendue des pouvoirs
du mari sur les meubles de la femme, on ne saurait en
faire dériver pour lui le droit, suivant ses caprices ou
ses convenances personnelles, de dépouiller celle-ci de
sa fortune mobilière par des actes évidemment contraires à ses intérêts et empreints, sous ce rapport, à l'égard
de la femme, d'un caractère vraiment dolosif. Si, en général, l'usage inintelligent ou l'abus que le mari fait
de son autorité n'engage que sa responsabilité garantie
par l'hypothèque légale de la femme et si l'exécution

(1) Cass. 12 août 1846; 29 août 1848; 18 février 1851; 1er août
1866.
(2) Cass. 6 décembre 1859.
(3) Cass., ch. civ., 26 août 1851 (Sir., 1851, I, 803).
(4) Cass. ch. civ., 10 janv. 1820 (Sir. 1820, I, 175).
(5) Cass. ch. req., 1er août 1866 (Sir. 1866, I, 363).

des actes passés par lui peut même, dans certains
cas, être maintenue vis-à-vis des tiers de bonne foi, il
doit en être autrement lorsque cette bonne foi ne se
rencontre pas ; que, loin de là, les tiers se sont rendus
coupables de l'abus ou de la fraude en y concourant,
ou même en la provoquant pour en tirer profit » (1).

Devons-nous nous arrêter à ce système? Nous ne le
pensons pas, car nous ne pouvons raisonnablement
trouver dans l'article 1549, comme le fait la jurisprudence, la base de l'opinion qu'elle a consacrée. Le mari,
en effet, en tant qu'administrateur, n'est qu'un mandataire à la fois conventionnel et légal ; or, le mandataire n'a pas le droit de faire des actes de disposition (art. 1988); il lui faut pour cela un mandat particulier. Ce mandat, on veut le trouver, il est vrai, dans le
droit conféré au mari de poursuivre les débiteurs de la
dot et de recevoir le remboursement des capitaux, d'où
l'on conclut qu'il a qualité pour opérer des cessions-
transports, c'est-dire aliéner les créances, et, par suite,
pour disposer des meubles corporels. Mais, comme nous
l'avons vu à propos du droit de disposition des meubles
propres de la femme, sous le régime de la communauté, autre chose est poursuivre en justice ce qui nous
appartient, autre chose est l'aliéner; entre ces deux
actes, de même qu'entre la cession et la réception du
paiement d'une créance, il y a toute la distance qui sépare le pouvoir d'un propriétaire de celui d'un simple
administrateur.

(1) Cass., ch. civ., 20 mars 1855 (Sir. 1855, 1, 481).

Le système de la Cour suprême n'est donc pas inattaquable au point de vue des textes. Il n'en est pas moins répréhensible dans ses résultats, puisqu'il met la fortune mobilière de la femme à l'entière discrétion du mari, qui peut en disposer comme il le juge à propos. Si la femme a adopté le régime dotal, c'est sans aucun doute parce qu'elle a cru y trouver des mesures de protection contre la mauvaise administration possible de son conjoint; ce n'est pas pour être plus maltraitée que la femme commune qui se tr uve exposée, il est vrai, à voir le mari dissiper les biens communs, mais qui a du moins l'espérance de partager les bénéfices réalisés. La femme dotale, au contraire, dans la doctrine que nous combattons, doit supporter toutes les pertes et ne court pas les chances de gain ; elle peut être ruinée, elle ne gagne jamais une obole. D'un autre côté, le mari a ici plus de liberté que sous tout autre régime, puisqu'il peut disposer seul et comme bon lui semble des meubles dotaux qui lui ont été livrés, alors que sous le régime de communauté ou sans communauté il ne peut aliéner seul les meubles dont la propriété est restée à la femme. Celle-ci, nous devons le reconnaître, a deux moyens pour protéger ses intérêts contre les abus du pouvoir marital, mais ces moyens sont la plupart du temps inefficaces. Elle peut bien provoquer la nullité de l'aliénation consentie en fraude de ses droits en prouvant cette fraude, mais comment établira-t-elle une pareille preuve, toujours très-difficile, sinon entièrement impossible? Elle conserve, en outre, un recours contre son mari, et ce recours comme l'hypothèque légale qui le garantit, ne peut jamais être perdu pour elle. Mais nous demandons, à notre tour, ce que deviendra la créance de la femme, dont on nous vante tant l'indisponibilité entre ses mains, si le mari est insolvable ou si tous ses immeubles sont grevés d'hypothèques antérieures à la célébration du mariage? Il y a là évidemment une lacune dans le sytème de la jurisprudence, puisqu'il a le tort bien grave à nos yeux, de laisser dans certains cas la dot de la femme sans aucune protection. C'est cette lacune que le système, dont MM. Rodière et Pont ont été les plus ardents défenseurs, est venu combler.

D'après ce système, la dot mobilière est absolument inaliénable, comme l'immeuble dotal lui-même. En d'autres termes et en règle générale, les meubles, qui ne sont pas devenus la propriété du mari, ne peuvent être aliénés ni par celui-ci, ni par la femme, ni par les deux époux conjointement.

Les partisans de cette opinion invoquent surtout le caractère et le but du régime dotal. Dotalité et inaliénabilité sont deux idées corrélatives l'une à l'autre; on ne peut penser à la première sans penser immédiatement à la seconde; celle-ci est le complément de celle-là. En outre, si l'on veut atteindre le résultat espéré par l'adoption du régime qui fait l'objet de notre étude, il faut nécessairement étendre aux meubles le principe de l'inaliénabilité. Aujourd'hui, en effet, que les dots consistent généralement en valeurs mobilières, ce principe restreint aux seuls immeubles ferait du régime dotal une véritable déception pour les femmes et pour leur famille à qui ce régime semble garantir la

13

conservation de la dot qu'il ne pourrait pas cependant toujours assurer. Les époux n'ont pas eu l'intention de distinguer entre les meubles et les immeubles ; ce qu'ils ont voulu protéger contre la mauvaise gestion du mari, c'est le patrimoine maternel tout entier et non pas seulement une partie peut-être infime de ce même patrimoine.

Ces raisons, nous devons l'avouer, nous paraissent concluantes ; l'opinion qui soutient l'inaliénabilité absolue de la dot est, à notre avis, la plus acceptable.

Mais, nous dira-t-on, ce système entrave la circulation des valeurs mobilières ; il immobilise des capitaux, et, en même temps qu'il est contraire à l'accroissement de la fortune publique, il peut aussi, dans certaines hypothèses, être très-préjudiciable aux intérêts bien entendus de la femme, en l'empêchant de s'enrichir peut-être rapidement.

Ces critiques ont une certaine valeur, nous ne le contestons pas ; mais elles ne sont pas spéciales à la doctrine de l'inaliénabilité de la dot mobilière : elles s'adressent au régime dotal tout entier. Or, il ne s'agit pas de savoir si le régime dotal est bon ou mauvais, s'il est avantageux ou contraire aux intérêts de la famille ; il s'agit simplement de déterminer ici quelle est, par rapport à la dot mobilière, l'opinion la plus conforme à ce régime. Nous croyons avoir suffisamment démontré que c'est celle qui ne reconnaît pas au mari le droit de disposer des meubles dotaux dont la propriété est restée à la femme.

SECTION II

Droits du mari sur les biens paraphernaux.

« Tous les biens de la femme qui n'ont pas été constitués en dot, porte l'article 1574, sont paraphernaux. »
Si donc les époux ont adopté le régime dotal, sans que
le contrat de mariage contienne de donation au profit
de la femme, ni de constitution de la part de cette dernière, tous ses biens sont paraphernaux. En d'autres
termes, et contrairement à ce qui se passe sous les autres régimes, les biens de la femme sont paraphernaux,
sauf stipulation contraire : la paraphernalité est ici la
règle, la dotalité l'exception.

Il s'ensuit que si la femme s'est constitué tous ses
biens, sans mentionner les biens à venir, la constitution
n'étant censée comprendre que les biens présents
(art. 1542), les biens qui lui adviennent dans la suite
sont paraphernaux. Il en est de même de ceux qui ne
se trouvent pas légalement subrogés à des biens constitués en dot ou donnés par contrat de mariage ; de
même enfin de toutes les acquisitions à titre onéreux
faites, soit par la femme seule, soit par les deux époux
conjointement. A défaut de subrogation à des biens
dotaux aliénés, ces acquisitions appartiennent en propre à la femme, pour la totalité ou pour moitié, suivant les hypothèses, à moins qu'il ne résulte des circonstances que la femme ne se trouvait pas en position
de payer, de ses deniers personnels, le prix quittancé

en son nom, auquel cas elle serait tenue d'en rendre compte au mari lui-même ou à ses héritiers.

En règle générale, le mari n'a aucun droit sur les paraphernaux, puisque la femme en conserve non-seulement la propriété, mais encore l'administration et la jouissance, sauf à contribuer aux charges du mariage dans une proportion déterminée par la convention ou par la loi (art. 1575 et 1576). Il se peut cependant qu'en fait le mari jouisse de ces biens et les administre, soit que la femme le veuille ainsi, soit qu'elle ne s'y oppose point, soit enfin malgré son opposition formelle. Trois cas se présentent donc : ce sont les seuls que nous devons examiner.

1° *Administration et jouissance des paraphernaux en vertu d'un mandat.* En ce qui concerne l'administration, le mari doit se renfermer strictement dans les limites de la procuration qui lui a été donnée; nous n'insisterons pas sur ce point.

Quant aux fruits, le mari se distingue de tout autre mandataire en ce qu'il n'est pas obligé d'en tenir compte, à moins que le pouvoir d'administrer ne lui ait été donné sous la condition expresse d'en faire état (art. 1577). Quelques auteurs ont néanmoins pensé qu'une telle clause n'était point nécessaire pour mettre le mari dans la nécessité de restituer les fruits perçus; une convention formelle de la part de la femme serait indispensable pour lui en attribuer la propriété.

Pour soutenir cette opinion, on peut dire que la procuration place le mari dans la position d'un mandataire ordinaire et que, par conséquent, il doit être soumis aux mêmes obligations que ce dernier. Il n'existe nulle part en effet, dans la loi, une disposition qui le dispense de rendre compte de ce qu'il a reçu; il y aurait là une exception aux principes; il faut donc la justifier et on ne le peut point. Les travaux préparatoires du Code viennent eux-mêmes à l'appui de cette thèse; l'orateur du Gouvernement, M. Berlier, n'entendait pas la loi d'une autre manière, puisqu'il déclarait, dans son Rapport au Corps législatif, que si le mari n'a joui qu'en vertu d'un mandat exprès, *il est tenu des mêmes actions que tout mandataire* (1). Enfin, quand la femme donne à son conjoint un mandat pour administrer ses paraphernaux, n'est-il pas certain que si elle entendait lui en abandonner les fruits, elle s'en expliquerait formellement? Si donc elle ne l'a point fait, c'est qu'elle a entendu se les réserver.

Ces divers arguments ne nous touchent pas le moins du monde. Ils ne sauraient d'abord prévaloir sur la disposition bien claire de l'article 1577, qui n'assimile le mari aux mandataires ordinaires que lorsque la procuration a été faite *avec charge de rendre compte des fruits*. De plus, l'exception que l'on veut voir formulée, l'est en réalité comme toute conséquence dans son principe : si, dans le cas de mandat tacite, le mari n'est pas tenu de rendre les fruits qu'il a touchés (et nos adversaires ne peuvent s'empêcher de le reconnaître en présence de l'article 1578), il ne doit pas l'être davantage dans l'hypothèse d'un mandat exprès. Les deux

(1) Locré, lég. civ., t. XIII, page 298.

cas sont dominés, en effet, par la même idée : dans
l'un comme dans l'autre, cette exception aux principes
du mandat se trouve basée sur les rapports naturels
qui existent entre deux époux. On ne peut raisonnablement supposer qu'en donnant une procuration à son
mari, la femme ait eu l'intention de l'obliger à rendre
compte des fruits et revenus destinés à l'entretien du
ménage ; il vaut mieux croire, ce qui est d'ailleurs plus
probable et plus conforme à l'idée de communion conjugale, que cette procuration a été simplement donnée
pour faciliter l'administration de l'époux et lever les
obstacles et les chicanes que celui-ci pourrait éprouver
tous les jours de la part des étrangers et des débiteurs
de mauvaise foi.

2° *Jouissance des paraphernaux sans mandat, mais
sans opposition de la part de la femme.*

En ce cas, le mari qui a joui des biens paraphernaux
n'est tenu, à la dissolution du mariage ou à la première
demande de la femme, qu'à la représentation des fruits
existants ; il n'est point comptable de ceux qui ont été
consommés jusqu'alors (art. 1578). La raison en est que
ces derniers fruits sont censés avoir été absorbés pour
les besoins des époux ou de la famille, ce qui toutefois
importe peu, car la femme ne serait jamais admise à
demander la restitution de la valeur des revenus de ses
paraphernaux, en offrant de prouver que le mari, loin
de les affecter à l'entretien du ménage, les a dissipés
ou tout au moins employés dans son intérêt personnel.

Il en était tout autrement dans notre ancien droit.
Bretonnier nous dit en effet : « Le mari qui a joui des

fruits naturels des biens de sa femme, soit de son consentement tacite ou exprès, en profite ; *s'il les a employés à l'usage de lui et de son épouse ou de leur famille, il n'est pas obligé de les rendre.* » (1). Cette jurisprudence faisait naître souvent de grandes difficultés à propos des moyens de preuve : le Code civil a voulu les faire disparaître d'un seul coup, en déclarant, d'une manière générale et sans distinction aucune, que le mari ne serait pas comptable des fruits consommés et ne devrait rendre que les fruits encore existants.

Les fruits *consommés* sont ceux dont il ne reste plus rien et dont l'équivalent a même disparu. On doit, au contraire, considérer comme existants, les loyers, fermages ou intérêts, pour le montant desquels les débiteurs ont souscrit, au profit du mari, des reconnaissances ou obligations non encore soldées : il en est de même du prix non payé des fruits par lui vendus ; puisque ce prix n'a pas encore été consommé, il est tout naturel de croire qu'il n'aurait pas employé non plus les fruits eux-mêmes, s'il ne les avait point aliénés : *pretium succedit loco rei.*

La femme qui laisse jouir le mari de ses paraphernaux sans y mettre opposition, est, par cela même, présumée lui donner pouvoir de toucher, des débiteurs ou détenteurs de ces mêmes biens, tous les intérêts ou fermages échus et d'en donner valable quittance. Mais là se bornent, d'après MM. Rodière et Pont (2), les droits

(1) Bretonnier, v° Paraphernaux, p. 13.
(2) Rodière et Pont, op. cit., III, p. 516.

du mari en cette matière. Sa jouissance de fait ne lui
confère pas le pouvoir de consentir ou de renouveler
un bail, ni de recevoir le remboursement d'un capital
quelconque, à moins que la femme ne lui ait remis ses
titres de créance, car le fait de cette remise constitue
alors de sa part un mandat implicite.

3° *Jouissance des paraphernaux malgré l'opposition
constatée de la femme.*

Le mari qui jouit des biens paraphernaux, nonobstant l'opposition constatée de la femme, est comptable
envers elle de tous les fruits perçus, tant existants que
consommés (art. 1570). Mais quand doit-on dire que le
mari jouit malgré l'*opposition constatée* de la femme et
que faut-il entendre par ces derniers mots ?

Dans notre ancienne jurisprudence, Roussilhe pen-
sait que l'opposition de la femme devait être attestée
par un acte judiciaire : « S'il paraît, disait-il, quelque
opposition à la jouissance de la part de la femme, soit
directement, soit indirectement, *pourvu que cela résulte
de quelque acte judiciaire*, le mari est alors, sans difficulté, tenu à la restitution des fruits. »

Notre Code n'exige plus que l'opposition soit constatée judiciairement. Mais, d'un autre côté, cette opposition ne se présume pas. La loi paraît simplement avoir
voulu exclure ici, d'une façon absolue, la preuve testi-
moniale qui a toujours des dangers et dont les résultats
sont souvent équivoques. Nous ne pensons point toutefois que l'on doive aller jusqu'à regarder comme indis-

(1) Roussilhe, de la dot. t. 1, page 193.

pensable une notification par notaire ou par huissier. Il y a toujours là, d'ailleurs, une question d'appréciation de la part du juge.

Quoiqu'il en soit, dès que l'opposition de la femme existe, le mari ne peut se soustraire à l'obligation de restituer tous les fruits, et ce, lors même qu'il les aurait employés aux dépenses du ménage. Il se trouve donc assimilé à un possesseur de mauvaise foi; comme lui, il ne peut profiter de rien au détriment du propriétaire. Nous croyons cependant que, si tous les biens de la femme étaient paraphernaux, le mari devrait être incontestablement autorisé à déduire la part contributoire de la femme aux charges du mariage et à ne restituer, en conséquence, que les deux tiers des fruits, puisque cette dernière était tenue, à moins de convention contraire, de contribuer pour un tiers à ces mêmes charges (article 1575).

Le mari pourrait déduire enfin les frais de semence, de culture et de récolte, ainsi que les dépenses nécessaires ou utiles, et même les frais de simple entretien : il ne peut être question, en effet, de le soumettre aux charges inhérentes à l'usufruit, car il n'a plus rien de commun avec un usufruitier ordinaire, par suite de l'obligation dans laquelle il se trouve de rendre compte de tous les fruits tant existants que consommés.

APPENDICE AU RÉGIME DOTAL.

DE LA SOCIÉTÉ D'ACQUÊTS.

L'article 1581 permet aux époux qui se soumettent au régime dotal de stipuler une société d'acquêts.

Cette stipulation ne détruit pas le régime dotal; elle ne déroge en aucune manière aux principes constitutifs de ce régime et laisse subsister la division des biens de la femme en dotaux et paraphernaux.

Quant aux biens dotaux, les droits du mari ne se trouvent nullement modifiés; seuls les revenus de ces biens, au lieu d'être attribués exclusivement au mari, tombent dans la société d'acquêts et profitent ainsi aux deux époux.

Il en est de même, à notre avis, des biens paraphernaux : la stipulation qui nous occupe n'a pas pour effet de changer leur situation vis-à-vis de la femme qui en conserve toujours l'administration et la jouissance, comme sous le régime dotal pur. La société d'acquêts jointe au régime dotal n'est, en effet, le plus souvent stipulée qu'en faveur de la femme : il n'est par conséquent pas juste qu'une clause établie dans son intérêt puisse tourner à son détriment. Le mari peut d'ailleurs disposer, à son gré, des revenus dotaux et de ses revenus personnels; pourquoi la femme n'aurait-elle pas aussi la libre disposition de ses revenus paraphernaux? Nous ne

croyons pas enfin devoir nous arrêter à l'objection tirée
de l'article 1581, qui renvoie aux articles 1408 et 1409,
car ces articles ne supposent pas que le mari a nécessairement l'administration et la jouissance de tous les
biens de la femme. L'article 1408 suppose, tout au
contraire, que la femme peut faire des acquêts séparément, ce qui ne peut être qu'à la condition d'avoir la
jouissance de certains biens.

Les droits du mari sur les paraphernaux sont donc
aussi restreints ici que sous le régime dotal et ses pouvoirs sur les biens de la société d'acquêts sont les mêmes
que sous le régime de la communauté légale; il nous
suffira de l'avoir indiqué (1).

(1) Rodière et Pont, III, 2034 et 2035. — Voir aussi Odier, 1516;
— Aubry et Rau, V, §511 bis. — Req. rej., 15 juillet 1846 (Sir.,
46, I, 819); — Agen, 17 nov. 1852 (Sir. 52, II, 591); — Civ.
cass., 14 nov. 1864 (Sir. 65, I, 31).

POSITIONS

DROIT ROMAIN

I. Sous Justinien, la quasi-tradition est indispensable pour l'établissement des servitudes *pactis et stipulationibus*.

II. La règle catonienne n'est pas fausse dans les cas cités par les §§ 1 et 2 de la loi 1ʳᵉ, D., *de reg. Cat.*

III. Dans les contrats *litteris*, la mention de l'obligation sur le registre du débiteur n'est point nécessaire, pour que cette obligation prenne naissance.

IV. A Rome, la compensation était toujours judiciaire.

V. Le demandeur dans l'action négatoire doit prouver l'inexistence de la servitude.

VI. Si le fidéjusseur s'est obligé *in duriorem causam*, son engagement ne doit pas être annulé, mais simplement réduit dans la mesure de l'obligation principale.

ANCIEN DROIT FRANÇAIS

I. Les Établissements de Saint-Louis constituent un véritable coutumier et non l'œuvre de Saint-Louis lui-même.

II. La communauté entre époux tire son origine du droit germanique.

III. Les institutions contractuelles ne sont point des donations *mortis causâ*, mais de véritables donations entre vifs.

CODE CIVIL

I. Lorsqu'il n'y a point de créanciers opposants, les paiements faits par l'héritier bénéficiaire sont définitifs; les créanciers qui n'ont pas fait opposition, mais qui se présentent avant l'apurement du compte et le paiement du reliquat, n'ont de recours que contre les légataires.

II. La femme séparée de corps ne peut se faire naturaliser en pays étranger, sans l'autorisation de son mari.

III. L'immeuble donné conjointement à deux époux mariés sous le régime de la communauté reste propre à chacun d'eux pour moitié.

IV. Le mari peut, avec le concours de la femme, faire les donations qui lui sont défendues par l'art. 1422.

V. L'hypothèque légale de la femme commune frappe les conquêts aliénés par le mari, lorsque la femme a renoncé à la communauté.

VI. L'acquéreur à titre singulier est tenu de respecter le bail qui a date certaine, même dans le cas où le preneur n'est pas encore en possession.

PROCÉDURE CIVILE

I. Le jugement émané d'un tribunal étranger a, en France, l'autorité de la chose jugée.

II. La saisie-arrêt ne crée aucun privilège, aucun droit exclusif, au profit du premier saisissant.

III. Toute saisie-arrêt entre les mains des débiteurs d'une succession bénéficiaire est impossible de la part des créanciers et légataires de cette succession.

DROIT CRIMINEL

I. Le principe du non-cumul des peines n'est pas applicable aux contraventions.

II. La prescription du crime de bigamie ne court point du jour de la célébration du second mariage, mais du jour où l'état de fait a cessé.

III. La grâce, de même que l'amnistie, ne peut pas être refusée par le condamné.

DROIT COMMERCIAL

I. Le consentement du mari exigé par la loi pour que la femme puisse faire le commerce, ne peut pas être suppléé par l'autorisation de justice.

II. Le voiturier ne conserve pas son privilège après

qu'il s'est dessaisi des marchandises dont il a effectué le transport.

III. Dans la société commerciale, l'effet du partage ne rétroagit qu'au jour de la dissolution.

DROIT ADMINISTRATIF

I. Toute réunion de plus de vingt personnes, organisée dans le but de pratiquer un culte religieux non reconnu par l'État, nécessite une autorisation préalable.

II. En matière contentieuse administrative, les ministres sont les juges de droit commun.

III. Les conseils de préfecture sont compétents pour statuer sur les dommages permanents résultant de travaux publics.

DROIT DES GENS

I. Les tribunaux répressifs ne peuvent pas annuler une extradition pour cause d'illégalité, et renvoyer l'extradé des fins de la demande.

II. Les juridictions d'un pays envahi doivent continuer à rendre la justice au nom de leur État.

III. Le blocus, pour être obligatoire, doit être effectif.

ÉCONOMIE POLITIQUE

I. La propriété individuelle, quoique inégale, est, seule, raisonnable, et, seule, favorable aux intérêts d'une nation.

II. La publicité doit être la base de tout bon régime hypothécaire.

III. Le travail libre est plus productif que le travail esclave; l'économie politique condamne l'esclavage, comme la morale elle-même.

Vu par le Président de la Thèse,
H. MASSOL.

Vu par le Doyen,
DUFOUR.

Vu et permis d'imprimer,
Le Recteur,
C. CHAPPUIS.

Les visa exigés par les règlements sont une garantie des principes et des opinions relatifs à la religion, à l'ordre public et aux bonnes mœurs (Statuts du 9 avril 1825, art. 11), mais non des opinions purement juridiques dont la responsabilité est laissée aux candidats.

Le candidat répondra, en outre, aux questions qui lui seront faites sur les autres matières de l'enseignement.

————

Cette Thèse sera soutenue, en séance publique, dans une des salles de la Faculté de Droit de Toulouse, le   juillet 1879.

TABLE DES MATIÈRES.

———

DEUXIÈME PARTIE

ANCIEN DROIT FRANÇAIS.

———

TROISIÈME PARTIE

LÉGISLATION MODERNE

Toulouse, imprimerie Pinel, place Lafayette, 6.

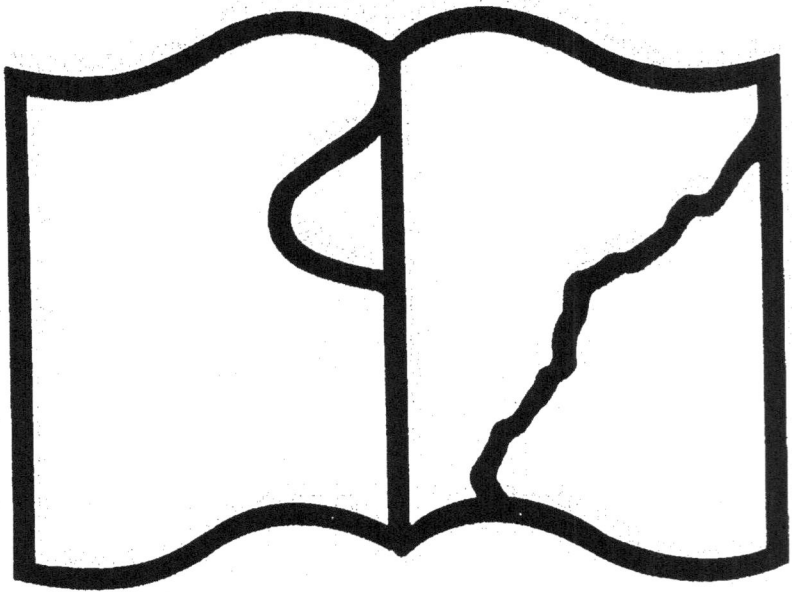

Texte détérioré — reliure défectueuse

NF Z 43-120-11